Simplesmente Hercílio

© 2010 — Mauro Maes

Simplesmente Hercílio
Mauro Maes

Todos os direitos desta edição
reservados à
CONHECIMENTO EDITORIAL LTDA.
Rua Prof. Paulo Chaves, 276 - Vila Teixeira Marques
CEP 13480-970 — Limeira — SP
Fone/Fax: 19 3451-5440
www.edconhecimento.com.br
vendas@edconhecimento.com.br

Nos termos da lei que resguarda os direitos autorais, é proibida a reprodução total ou parcial, de qualquer forma ou por qualquer meio — eletrônico ou mecânico, inclusive por processos xerográficos, de fotocópia e de gravação — sem permissão, por escrito, do editor.

Edição de texto:
Margareth Rose Fonseca Carvalho
Revisão:
Mariléa de Castro
Capa: Mauro Maes
Ilustração da Capa: Banco de imagens
Projeto Gráfico: Sérgio Carvalho

ISBN 85-7618-215-3 — 1ª Edição - 2010

• Impresso no Brasil • Presita en Brazilo

SIMPLESMENTE HERCÍLIO
foi confeccionado em impressão digital, em novembro de 2010.
Conhecimento Editorial Ltda
(19) 3451-5440 — conhecimento@edconhecimento.com.br
Impresso em Amabulk 90g.

Dados Internacionais de Catalogação na Publicação (CIP)
(Câmara Brasileira do Livro, SP, Brasil)

Maes, Mauro
 Simplesmente Hercílio / Mauro Maes; — 1ª ed. — Limeira, SP : Editora do Conhecimento, 2010.

 ISBN 978-85-7618-215-3

 1. Espíritas - Biografia 2. Espiritismo 3. Maes, Hercílio, 1913-1993 4. Mediunidade 5. Médiuns - Biografia I. Título

10-12123   CDD – 133.91092

Índices para catálogo sistemático:
1. Médiuns espíritas : Biografia e obra : 133.91092

Mauro Maes

Simplesmente Hercílio

1ª edição
2010

EDITORA DO
CONHECIMENTO

Hercílio Maes: um homem simples, desinteressado dos bens materiais. Sempre bem humorado, amava o que fazia. Sua preocupação maior era a felicidade do próximo.

Sumário

A ideia do livro 9

Capítulo 1
A vida 11
Capítulo 2
A mediunidade 17
Capítulo 3
A família 22
Capítulo 4
Os amigos 36
Capítulo 5
Carma e compromisso 40
Capítulo 6
A vida profissional 42
Capítulo 7
Receituário homeopático 44
Capítulo 8
Radiestesia 47
Capítulo 9
As palestras 53
Capítulo 10
O cotidiano 56
Capítulo 11
Momentos derradeiros 59
Capítulo 12
Obras de Hercílio Maes 66

Capítulo 13
Vidas anteriores 68
Capítulo 14
As provas finais na escola terrestre.................................... 73
Capítulo 15
Revelações... 76
Capítulo 16
Trabalho no Astral 79
Capítulo 17
O universalismo de Hercílio Maes..................................... 81
Capítulo 18
O sectarismo clerical – Advertência de Ismael 84
Capítulo 19
Edgard Armond 87
Capítulo 20
Recordações de Hercílio Maes... 90
Capítulo 21
Lembranças de Hercílio 95
Capítulo 22
Mais um feliz reencontro 98
Anexo 1
Carta de Hercílio a dr. Portela... 116
Anexo 2
Entrevista na revista Panorama - Este homem fala com os espíritos .. 119
Anexo 3
Entrevista na revista Panorama - Homeopatia explicada 127
Anexo 4
Reportagem na revista Manchete - Há um Arigó em Curitiba 135
Anexo 5
Caderno da Bolsa dos Inéditos - O Polvo 145

A ideia do livro

Convivi com Hercílio Maes durante 50 anos, de 1943 a 1993. Durante esse período, só recebi amor, amizade, consideração, enfim, ensinamentos que me influenciaram muito nas decisões e caminhos que tomei na vida. Infelizmente não consegui retribuí-los como gostaria.

Sofria com ele, quando das crises financeiras, e sonhava um dia poder ajudá-lo, aliviando-o desse fardo, a fim de que tivesse tranquilidade para executar o seu trabalho.

Quando minha situação financeira melhorou, com minha ida para Porto Velho, ele adoeceu e daí o dinheiro não mais fazia diferença.

Algumas vezes, ele manifestou indiretamente o desejo de que um membro da família escrevesse sua biografia. Sempre que tocava no assunto, referia-se à possibilidade de um neto vir a satisfazer seu desejo; porém dirigindo-se a mim.

O tempo foi passando e a cada dia ficavam menores as possibilidades de sua concretização.

Com o falecimento de minha mãe, Eleonora Maes, perdemos um dos últimos arquivos vivos de um passado importante, agravado pelo fato de termos cedido a fãs e instituições tudo o que havia de documentos, fotos, recordações, ficando somente o que estava gravado em nossa memória — minha e de minhas irmãs.

Muitos dos netos nem chegaram a conhecê-lo, e aqueles que conviveram com ele o fizeram por pouco tempo e ainda muito pequenos.

Com o intuito de fornecer informações sobre a vida do avô, resolvi escrever um texto, juntando fotos, documentos etc, e imprimi-lo numa apostila.

Enviei o texto para meu amigo Sérgio Carvalho, pedindo que me orientasse com seu conhecimento, já que esse era o seu ramo de negócio. Imediatamente ele respondeu a meu apelo, perguntando se poderia enviar uma cópia para nossa amiga Mariléa de Castro, acreditando que ela ficaria feliz com a ideia.

A partir desse momento, com o entusiasmo e euforia de Mariléa, dedicada seguidora de Ramatís e fã incondicional de Hercílio Maes, com a qual mantenho uma sintonia agradabilíssima, não foi mais possível nos limitar à ideia inicial de fazer somente uma simples apostila.

Começamos a trocar e-mails, juntar documentos, fotos, fazer pesquisas, e assim conseguimos resgatar parte do passado, resultando neste "livrinho" cujo principal ingrediente foi muito amor e gratidão a este ser que mudou nossas vidas.

Essa talvez tenha sido a forma encontrada para dar um sinal de nossa gratidão e grande consideração que guardamos por ele.

Mauro Maes

Capítulo I
A vida

Hercílio nasceu em Curitiba, estado do Paraná, no dia 20 de agosto de 1913, onde viveu por oitenta anos (1913 – 1993). Era filho de Norberto Maes e Etelvina Maes: ele cervejeiro (como era chamado o vendedor de cerveja, na época) e ela dona de casa.

Nascido em lar simples, de família pobre, começou a trabalhar muito cedo para ajudar em casa. Aos oito anos, franzino e muito ativo, conseguiu o primeiro emprego como vendedor de jornal.

Antiga foto de família, com Hercílio à direita.

Como morava distante da cidade, saía ainda de madrugada pelos campos cobertos de gelo que separavam seu bairro do centro (naquela época, o inverno em Curitiba era bastante rigoroso), para pegar o jornal que seria vendido.

Os bondes eram totalmente abertos e os motorneiros, apiedados, colocavam-no sob a proteção da placa frontal, a fim de que ele ficasse mais protegido do vento frio e da umidade.

Além dessa dificuldade, havia a disputa pelos pontos de venda, onde

Curitiba no início do século XX.

a rivalidade era constante. Os jornais eram arrancados da mão dos jornaleiros menos favorecidos e rasgados, para que eles não mais invadissem a área dos concorrentes.

Mas a grande satisfação de Cilinho (apelido que lhe fora dado por sua avó) era chegar em casa, amontoar as moedinhas da féria do dia em diversos volumes sobre a mesa, chamar a mãe e observar a mudança em sua face, diante da surpresa.

Seu pai e seus avós.

A necessidade de trabalhar desde cedo para ajudar nas despesas domésticas foi, como ele mesmo dizia, uma bênção em que pôde testar sua capacidade de superar os obstáculos da vida terrena.

Enfrentando grandes conflitos e extremas dificuldades, cresceu puro e bom, incapaz de pronunciar uma palavra obscena ou praticar um gesto de desobediência.

Para satisfazer o desejo de sua mãe, católica fervorosa, tornou-se coroinha da igreja que seus pais frequentavam. Assim, sua infância seguiu sem muitas novidades. Mas na mocidade tornou-se ateu, opção que conservou por algum tempo.

Gostava muito de esporte. Foi campeão de ciclismo no Paraná por diversos anos e fundador do Ipiranga Futebol Clube, posteriormente chamado de E. C. Savoya e atualmente de Paraná Club. Os dois esportes, porém, não combinavam, uma vez que a preparação física e a musculação exigidas para o futebol acabaram prejudicando o ciclismo, do qual teve que desistir.

Era um rapaz bonito, namorador e muito disputado pelas meninas do bairro. Gostava muito de carnaval, mas daquele carnaval de antiga-

Hercílio e amigos no carnaval.

mente, que pouco tinha a ver com o que se vê hoje em dia.

Possuía uma belíssima moto Harley Davison. Seu primeiro automóvel foi um Ford Anglia Perfect, 1947, preto.

Jogava xadrez, uma prática que adotou e a que deu continuidade depois de casado, reunindo semanalmente os amigos em casa, quando aproveitava para conversar sobre a doutrina espírita.

Conheceu minha mãe (Eleonora Razzolini Maes) por intermédio do esporte. Ela nasceu no dia 1º de novembro de 1915, filha de Constante Razzolini e Emilia Razzolini. Batalhadora, de espírito grandioso, muito o ajudou em sua missão na Terra.

Hercílio corria de bicicleta pelo Savoya, cuja sede ficava no bairro da Água Verde. Como havia sido campeão paranaense por vários anos, suas fotos estavam espalhadas pelas paredes do clube. Minha mãe morava no bairro do Portão e frequentava as tardes dançantes do clube. Vendo as fotos, logo ficou encantada com o "atleta", que acabou conhecendo pessoalmente. Então se apaixonaram e se casaram em 24 de dezembro de 1936.

Ele chegou a completar três anos do curso de medicina, que interrompeu por razões de saúde, vindo a formar-se posteriormente em direito, profissão que exerceu paralelamente à de contador, em que também se formou.

Coincidência ou ironia do destino, ao ser preparado para a fotografia tradicional de formatura, teve o símbolo do

Um campeão do ciclismo.

Simplesmente Hercílio   13

Hercílio e Lolinha noivos.

direito trocado pelo de medicina.

Mesmo sem ter conseguido realizar o sonho de formar-se em medicina, tinha o dom de lidar com pessoas enfermas. Tanto que sua sogra, acometida por um câncer que aflorava em feridas por todo o corpo, permitia que somente ele fizesse os curativos, até o dia do seu falecimento.

Em 7 de fevereiro de 1941 nasceu a primeira filha do casal, Zeila, chamada carinhosamente de "polaca".

Foi a filha cujo temperamento mais se assemelhava ao dele. Muito ativa, decidida, arrojada e sensível, sofria antecipadamente com os problemas, muitos dos quais não chegavam nem a acontecer.

Recém-casados.

Ironia do destino: a foto da formatura cujo símbolo de direito foi trocado pelo de medicina.

Em 1945, aos 32 anos, meu pai participou de um concurso de contos em Curitiba, saindo vitorioso com a obra *O Polvo*. Disputou com o curitibano Dalton Gerson Trevisan, enigmático estudante de direito, nascido em 1925, que dedicou-se exclusivamente ao conto e acabou tornando-se o maior mestre brasileiro do gênero.

Em 1935, Hercílio resolveu disputar um lugar ao sol como empre-

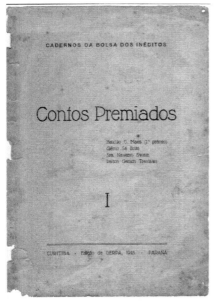

sário, aproveitando a experiência adquirida quando trabalhou para o Exército Brasileiro como classificador de madeiras. Montou então uma fábrica de móveis sob a denominação de "Móveis Diamante". Criativo, caprichoso e detalhista, teve muito sucesso no seu empreendimento, mobiliando repartições estaduais, prefeituras de diversos municípios do Paraná, hotéis, Ministério do Exército etc.

Para não deixar cair o faturamento, sempre preocupado com o futuro e com um número enorme de famílias de empregados dependentes de sua empresa, fechou antecipadamente grandes contratos para entrega a longo prazo, sem cláusulas de reajustamento. Então veio a guerra! Como a matéria-prima utilizada era toda importada, os preços triplicaram, o que o levou à concordata, deixando-o numa situação financeira muito precária.

Para agravar ainda mais a situação, numa noite chuvosa, quando retornava para casa, não viu um casal saindo de detrás de um ônibus e acabou atropelando os dois. Desnorteado com o acontecido, procurando uma explicação para tanta desgraça, foi conduzido à doutrina espírita,[1] que libertou-o do trauma e trouxe consolação tanto para ele como para nossa família. Passou então a dedicar-se ao estudo do espiritismo e ao aprimoramento de suas faculdades mediúnicas, adotando o correto exercício da doutrina.

A doença também viera precocemente fazer-lhe companhia,

---

1 Segundo Sebastião Carvalho, amigo próximo de Hercílio, os amigos que o aconselharam a procurar o espiritismo foram Honório Mello e Ernesto Calberg. O centro espírita a que se dirigiu foi o "Mensageiros da Paz", que funciona até hoje em Curitiba na rua Engenheiro Rebouças.

Simplesmente Hercílio   15

mas em todos os momentos de provas e dificuldades encontrou amparo e consolação no terno afeto de minha mãe.

Antes mesmo de a empresa solidificar-se financeiramente, ele tinha começado a comprar terrenos ao redor da fábrica, com o intuito de construir casas para os seus funcionários.

Para que se possa fazer uma avaliação de seu desprendimento material e respeito para com o próximo, relato a seguir um fato que ocorreu em meio àquela situação.

Hercílio tinha conhecimento de que alguns empregados haviam montado marcenarias paralelas em suas casas, onde executavam serviços nos feriados e fins de semana. Certa ocasião, ao entrar na fábrica, viu um antigo funcionário saindo com um litro de goma-laca escondido debaixo do paletó. Era um material importado, caríssimo. No entanto, para não constranger aquele pai de família, preferiu esconder-se, deixando-o passar sem que fosse flagrado.

Nesse período, quando a situação chegou ao extremo, fomos despejados da casa onde morávamos e passamos a viver de favor. Ele então jurou à nossa família que, num curto prazo, voltaríamos a morar naquela mesma casa. Foi nessa fase difícil da vida que eu nasci.

Dona Lola não se abateu. Como uma verdadeira companheira, pôs-se também a trabalhar, juntamente com a irmã dele, a fim de ajudá-lo a superar as dificuldades.

Hercílio e os filhos, Mauro e Zeila.

Capítulo 2
A mediunidade

A primeira máquina de datilografia, uma Remington, 1940.

Universalista e estudioso das mais diversas correntes espiritualistas, foi maçom, rosacruz e teosofista.

Seu primeiro contato com Ramatís deu-se aos três anos de idade, ocasião em que a entidade apareceu diante dele completamente materializada, apresentando o conhecido turbante, a pedra verde e a cruz dentro do triângulo.

Contava ele aos amigos:

... foi um reencontro que, ainda menino, não consegui compreender intelectualmente. Contudo, sensivelmente, reconhecia o peregrino que viveu na Atlântida, há 28 mil anos, na Índia dos Vedas, há mais de 5 mil anos, no Egito, como grão-sacerdote no reinado do faraó Amenhotep IV, em Alexandria, como Filon, e numa última existência terrena, como o sacerdote indochinês Ramatís.

Aos 30 anos, após ver aflorar a mediunidade, teve novo contato com Ramatís, com o qual possuía laços espirituais desde eras remotas, conforme descreve no prefácio de *A Vida no Planeta Marte e os Discos Voadores*:

Ramatís, o orientador e autor espiritual dos inúmeros livros psicografados por Hercílio Maes.

Ao completar 30 anos, um dia, após breve leitura, quando repousava no leito, eis que inesperadamente sua imagem ressurgia na tela do meu pensamento, embora sem a precisão dos detalhes que pudera notar-lhe na infância. E, através do fenômeno da "audição mental", pressentia-lhe a voz no silêncio e na intimidade de minha alma, como a lembrar-me de certo compromisso de trabalho em relação a um ideal. Nesse aquietamento de espírito, imagens e fragmentos de paisagens egípcias, chinesas, hindus, gregas, entre outras, desfilavam na minha mente, como um filme cinematográfico, causando-me emoções tão cheias de encantamento que, ao despertar, eu tinha os olhos em lágrimas.

E, no recesso de minha alma, sentia-me efetivamente ligado a uma promessa de ordem sacrificial, desinteressada e realizável, embora entre as opiniões mais contraditórias. Daí a minha atual despreocupação quanto à crítica favorável ou contrária aos comunicados que recebo de Ramatís, certo de que só o decorrer do tempo comprovará as realidades do que ele tem enunciado por meu intermédio.

Foi então que, ciente do compromisso de trabalho assumido antes de nascer, passou a psicografar a série de obras de Ramatís, através da mediunidade intuitiva.

O dom mediúnico mais conhecido de meu pai é o psicográfico. Mas este não é o único, pois ele exercitava outras mediunidades, como a psicofonia, a vidência e a de receitista.

Sua extraordinária capacidade mediúnica foi comprovada por orientadores de elevado grau espiritual que, por seu intermédio, manifestavam-se no trabalho da caridade.

Na verdade, ele começou a receber as comunicações de Ramatís e Atanagildo, mas, ainda inseguro, não mostrava aos companheiros de doutrina, guardando-as numa gaveta de sua escrivaninha. Até que um amigo chamado Levino Wischral, que havia sido transferido de São Paulo para Curitiba e par-

Opúsculo *Conexão das Profecias*, que foi o embrião do que viria a ser no futuro o livro *Mensagens do Astral*.

ticipava de um grupo espírita, ficou sabendo das mensagens e fez questão de inteirar-se do assunto. Então, entusiasmado com o conteúdo, incentivou-o a publicá-las; e aí saíram os primeiros folhetos: *Conexões de Profecias* e *Os canecos vivos*.

É interessante ressaltar que, conforme relatava, tanto Levino Wischral como sua esposa, dona Ernestina, tinham sido seus pais numa existência na Sicília.

Dessa época em diante, o casal passou a fazer as revisões das obras, tornando-se seus grandes incentivadores.

Meu pai não gostava de ser intitulado missionário, pois para ele missão é para espíritos mais elevados.

Como não era pessoa talhada para dirigir uma empresa, pela forma complacente e humana com que tratava seus subordinados e pelo desapego aos bens materiais, que o tornava alheio a tudo aquilo que fosse mundano, perdeu o entusiasmo pela indústria. Além do mais, o desperdício do valioso tempo dentro de um empreendimento material passageiro contribuiria para protelar o início de seu mandato mediúnico.

Até mesmo na sua profissão, ele costumava fazer gratuitamente inventários e pedidos de aposentadorias para viúvas que não tinham condições financeiras para contratar um advogado.

Em meio às atividades profissionais, formou um grupo de estudo das obras de Ramatís, que se reunia aos sábados à tarde em nossa casa, no bairro de Mercês, sem hora para terminar.

Logo após o almoço chegavam os componentes. Dona Lola sempre servia um lanche à tarde, porque sabia que as reuniões entrariam pela madrugada adentro, terminando muitas vezes ao amanhecer do domingo.

Muitos participantes traziam verdadeiros questionários, com perguntas e dúvidas, e todos juntos trocavam ideias. Dessas reuniões é que saíram muitas das perguntas contidas nas obras. Mas, se ainda ficassem pontos não esclarecidos, Ramatís sugeria as perguntas a serem feitas.

Esse grupo era composto por Breno Trautwein e sua esposa Joanita, Lucinha (filha), Lúcia (sobrinha), Tereza Kock, Regina, Eliane, dr. Fontoura, entre outros amigos.

Quando alguém lembrava que já era tarde e dizia: "Vamos embora que o doutor Hercílio quer dormir", ele respondia: "Não se preocupem que eu durmo em pé mesmo"... Isso quando não colocava o pijama e o roupão e aparecia na sala, como quem diz: "Já está na hora!".

No início da divulgação das obras, Hercílio sofreu algumas críticas, principalmente de Henrique Rodrigues e Herculano Pires, jornalista e sociólogo que mantinha uma coluna no *Diário de São Paulo* com o pseudônimo "Irmão Saulo". Foi nessa coluna que deu início a uma campanha contra os livros de Ramatís. Reconhecia o valor intelectual dele, mas "alertava para o perigo de suas ideias".

Jorge Rizzini, autor da biografia de Herculano Pires, também era crítico de Ramatís; considerava suas revelações fantasiosas.

Essa situação fez meu pai sofrer muito. Eram afirmações do tipo: " Ramatís não existe, isso é coisa tua", que levantavam dúvidas quanto às origens das mensagens, como se elas fossem frutos de uma mediunidade anímica.

O comandante Edgard Armond foi seu maior defensor. Emitia sua opinião sobre os livros de Ramatís no jornal *O Semeador* e, com espírito crítico, fortalecia-o e auxiliava-o, o que lhe rendeu vários inimigos.

A Federação Espírita de São Paulo chegou a nomear uma comissão de doutrina para que fizesse um estudo sobre *O Sublime Peregrino*, suspendendo a venda da obra em suas livrarias "por conter erros prejudiciais à doutrina espírita".

Hercílio, então, costumava responder:

> Mesmo que Ramatís não existisse, mesmo supondo-se a tese de Herculano Pires, o que importa é o conteúdo das mensagens. São sensatas, amorosas, lógicas e convertem ao bem? Que importa que fossem apenas inspiração minha? Eu também sou um espírito. Herculano usa de argumento

ingênuo, pois o maior Mestre que tivemos até hoje não era desencarnado, mas encarnado – Jesus Cristo. Vamos supor que na Terra existisse um médium chamado Ramatís, e o seu guia um tal de Hercílio Maes, ditando as mensagens que nós todos estamos estudando. Qual seria a diferença? O nome, apenas? Eu, por exemplo, aqui em Curitiba, conheci elevadíssimas mensagens de um espírito chamado Irmão do Espaço, e, que sejam dele ou do médium, elas me causaram estranha emoção e renovação espiritual.

O espírito de Hercílio era perseverante e enfrentou os mais difíceis obstáculos, conseguindo cumprir sua difícil tarefa.

Numa correspondência enviada ao amigo Aluizio, em fevereiro de 1968, ele destaca em determinado trecho o seguinte:

> Ramatís recomenda-nos fundamentalmente que não nos aflijamos, a fim de que a obra cresça sadia e coesa. Nada de improvisações sem alicerces sólidos. Nem mesmo que nos preocupemos com as campanhas e os movimentos de incompreensão espiritual. Diz ele que isso é muito natural, mas se a árvore for sadia dará bons frutos! É um programa delineado há séculos e que pede chão firme. No princípio eu cheguei a ficar enfermo, tal a ansiedade, pois tudo se centuplicava no meu cérebro e quase trabalhei dia e noite, até que ele me disse:"Calma, discípulo! A vida é eterna! Antes o homem que caminha tranquilo e chega ao seu objetivo, que o cavaleiro afoito ferido nas pedras do caminho!". Há dez anos pretendia fundar a Fraternidade da Cruz e do Triângulo, mas somente agora tudo está convergindo para isso. E confesso: teria sido uma frustração se eu a tivesse fundado antes, pois são experiências cabotinas, vaidosas e infrutíferas de nossos irmãos que agora me indicam um caminho mais sadio. Por isso, mano Aluizio, não se aflija, pouco a pouco iremos galgando degrau por degrau até alcançarmos o ápice da realização espiritual com que nos comprometemos antes desta encarnação.
> Quando o Alto quer, quem na Terra pode dificultar?

Capítulo 3
A família

"A família universalista da Boa Vontade" - Revista da LBV, ano I, número 1, maio de 1956. Mauro Maes, o "Bepy", de pé ao lado de Zeila.

  Meus pais já tinham os dois filhos mais velhos quando, em 30 de agosto de 1946, nasceu Yara, a "indiazinha", como carinhosamente a chamava. Ele fora avisado com antecedência sobre aquele espírito que reencarnaria com aguçada mediunidade de fenômenos físicos. Os acontecimentos no momento do nascimento de Yara foram marcantes, vindo a comprovar suas premonições: passava da meia-noite, chovia muito e estávamos todos na sala enquanto minha mãe sentia as contrações, no quarto do casal. De repente, sem sabermos de onde vinha, ouvimos um assovio estridente dentro de casa. Em seguida, ouvimos o choro do bebê e nos sentimos aliviados.
  Meu pai costumava nos contar que Yara fora uma índia que o salvara da morte numa existência passada. Não tenho mui-

Hercílio e Yara.

tos detalhes dessa história, mas ele dizia que havia sido feito prisioneiro pelos índios e fora salvo por ela. Daí sua grande afeição.

Quanto a essa encarnação anterior de Yara, não paira qualquer dúvida: durante sua infância, entre os dois e quatro anos, minha mãe tinha muita dificuldade em mantê-la vestida. Volta e meia era tomada de surpresa com Yara totalmente despida, brincando no quintal. Ela não sentia nenhum constrangimento, pois aquilo lhe parecia algo muito natural. Quando fotografada, gostava de colocar na testa uma fita e uma pena.

Certa vez, estávamos fazendo nossas lições ao redor do leito em que meu pai se recuperava de uma cirurgia, quando a mochila de Yara levantou-se e caiu sobre a cama. Mais que depressa, assustados, dissemos a ele: "A mochila levantou-se sozinha!". Sentado na cama, revisando os livros com a mesma calma com que costumava portar-se diante de fenômenos desse tipo, ele nos disse: "Levantou-se sim, isso acontece!".

Hercílio fazia questão que compreendêssemos as bases da doutrina espírita e que elas fizessem parte de nossa educação, desde tenra idade, a fim de que as coisas que se sucedem na natureza fossem percebidas da maneira mais natural possível.

Entender que somos espíritos imortais deveria ser uma obrigação, para que não nos sentíssemos desamparados num momento de separação drástica, como ocorre quando perdemos algum ente querido.

Fomos contemplados, nesta existência, com a bênção de reencarnar sob a orientação de dois espíritos do quilate de Hercílio e Eleonora, joias preciosas que nos ajudaram muito na difícil escalada da vida terrena.

Assim, não precisávamos errar para aprender. Os alertas sobre os possíveis problemas que poderíamos vir a enfrentar nos eram dados com muita antecedência, insistentemente mencionados e de forma tão sutil que eram assimilados normalmente.

O amor e a dedicação dispensados aos filhos era tanto, que se estendiam aos amigos de infância.

Hercílio Maes e seus três filhos: Zeila, Mauro e Yara.

Quando alguns deles tinham problemas e decisões a serem tomadas, preferiam a orientação do "senhor Hercílio" à de seus pais. E realmente, ele sempre lhes dirigia conselhos úteis e palavras amigas, orientando com a maior boa vontade todos que o procuravam.

Os pais dos meus amigos de infância adotavam métodos violentos na educação dos filhos. Isso era comum naquela época. Difícil para nós era entender por que eles agiam assim, já que vivíamos num lar onde predominavam o diálogo, o amor e a compreensão. Não que não tivéssemos nossos momentos de desentendimento, mas tudo era resolvido dentro da mais perfeita tranquilidade.

Lembro-me muito bem que Neury Baú, um de meus amigos, havia tirado notas baixas na escola e o pai dele o esperava em casa com uma cinta de couro, disposto a castigá-lo, como sempre fazia. Preocupado com a agressividade, meu pai resolveu dar abrigo ao menino em nossa casa. Com isso, comprou uma briga e acabou ganhando um inimigo gratuito.

O pai de Neury passava em frente à nossa casa e exibia a cinta, instrumento de castigo. Mas à medida que o tempo foi passando, os ânimos se acalmaram e Hercílio resolveu ir ao encontro do pai dele e, com uma conversa demorada, conseguiu que entrasse em nossa casa, bem mais calmo, e levasse Neury sem aplicar qualquer corretivo violento, a não ser a proibição provisória de não deixá-lo sair de casa durante uns dias.

Hercílio e dona Lola eram considerados conselheiros,

médicos e enfermeiros no bairro. Procuravam sempre ajudar, acalmar os ânimos e arranjar soluções práticas para as pessoas, mesmo correndo o risco de serem mal interpretados.

A prática de maridos embriagados e violentos agredirem as esposas também acontecia naquela época. Era comum chamarem-no durante a noite para interferir em casos desse tipo, e lá ia seu Hercílio. Calmo, inteligente, dialogando sempre, acalmava os ânimos e voltava feliz da vida por ter ajudado mais um amigo.

Eu me lembro de um domingo, de tarde quente, sol escaldante, em que estávamos em casa, quando vieram chamá-lo para atender um italiano, "Beppy Erico", marido de Maria Polenta, que também se dedicava a prestar atendimento a pessoas necessitadas, tratando de entorses, mau-jeito, rasgaduras, através de benzimentos, orações, óleos vegetais etc.

Beppy Erico havia se excedido na bebida e ficado por longo tempo deitado ao sol, o que lhe causara um início de insolação. Meu pai recolheu-o para dentro de casa, dedicou o resto do dia aos cuidados do pobre homem e, no início da noite, já em condições de se locomover, levou-o para casa, entregando-o à família, que o esperava aflita.

Um de meus amigos, chamado Carlos Ortis dos Santos (Carlito), de infância pobre, tinha uma preocupação muito grande com a saúde e uma vontade enorme de ter um corpo perfeito. Era visível sua vontade de alimentar-se com frutas e verduras trituradas no liquidificador, uma novidade na época. Sem dispor de muitos recursos, pois vivíamos com o dinheiro contado, a pedido de dona Lola, meu pai presenteou-o com um liquidificador, e volta e meia mandava frutas e verduras para compor suas vitaminas. Para nosso espanto, Carlito tornou-se um menino forte, com um corpo atlético, sempre agradecido por aquele gesto fraterno.

Ao sairmos para uma festa ou viagem, muitos de meus amigos usavam peças de roupas minhas, emprestadas por minha mãe, para que não se sentissem inferiorizados perante os demais.

Hercílio convivia com os filhos como se fossem amigos. Bastante irônico, bem-humorado e até meio moleque, costumava nos pregar peças. Era comum trazer novidades que encontrava no caminho de volta para casa: brinquedos vendidos por camelôs, material para mágicas etc., sempre fazendo surpresas. Existia, naquela época, uma loja de chocolates que fazia réplicas verdadeiramente perfeitas de diversos utensílios domésticos: carretéis de fio, sanduíches, velas de marzipan. E certo dia, ele trouxe para minhas irmãs velas de chocolate branco, e para mim uma vela de cera. Não tendo notado que era verdadeira, dei uma dentada e, espantado, olhei para ele como se quisesse dizer que algo estava errado. Ele não se conteve e riu muito da situação.

Passado certo tempo, veio a vingança. Meu pai não gostava que, durante as refeições, fizéssemos comentários sobre acontecimentos violentos ocorridos durante o dia. Aproveitava o momento para fazer explanações acerca de seus conhecimentos espiritualistas. Além disso, sendo médium vidente, costumava descrever a presença de espíritos que nos visitavam, desejando-lhes boas-vindas. Então, certa vez, enquanto almoçávamos, amarrei uma das pontas de uma linha de pesca, de nylon, na minha perna e a outra na maçaneta da porta do banheiro e, no meio da refeição, puxei a porta, fazendo-a fechar-se violentamente. Mais do que depressa, ele saudou o visitante: "Seja bem-vindo, irmão! Não consigo identificá-lo". Assustado com a reação dele, demorei alguns instantes para confessar a traquinagem. Quando contei, ele encarou como uma brincadeira de criança e riu muito.

Hercílio nunca forçou qualquer situação com relação ao nosso futuro, a não ser quanto aos estudos. Yara frequentava os mórmons, Zeila a igreja presbiteriana e eu a igreja evangélica. Sempre que havia uma festividade, uma palestra ou um culto especial, lá estava ele prestigiando a nossa participação.

Mesmo sem muitos recursos, nossos pais não mediam esforços para nos proporcionar tudo aquilo que pudesse nos servir no futuro. Eram aulas particulares, cursos de violão, acordeom, línguas etc.

Com suas brincadeiras, sutilmente nos fazia ver a vida de maneira simples e descomplicada. Quando nos preparávamos para alguma festa e íamos nos despedir, ele nos dizia: "Dancem bastante, é bom sacudir um pouco a caveira para não enferrujar".

Aos domingos, costumávamos ficar na cama até mais tarde, já que durante a semana levantávamos cedo para ir à escola. Passando um pouco o horário normal de nos levantar, ele vinha alertar: "Não abusem muito da posição horizontal, porque esta é definitiva!".

Desejoso de que seus filhos seguissem pelos mesmos caminhos pelos quais optou, ele me aconselhou a fazer um curso de datilografia e, usando de psicologia para me motivar, transferiu-me a incumbência de passar a limpo as páginas revisadas dos livros, pagando-me por esse serviço. Com isso, acabei lendo algumas vezes, com apenas 12 anos, *A Vida no Planeta Marte e os Discos Voadores,* sua primeira obra.

Eu devia ter uns 14 anos quando briguei na rua com um amigo e levei uma pedrada, chegando em casa com um corte na cabeça e com a camisa suja de sangue. Prontamente, ele pegou os curativos e, enquanto fazia a limpeza, perguntou: "O amigo com quem você brigou era maior que você?". "Não era maior, mas era mais forte", respondi. "Então não tem problema; eu estava preocupado que o menino fosse menor que você, e com amigos menores a gente não briga, protege".

A Vida no Planeta Marte e os Discos Voadores, 17ª edição.

Com 16 anos, pelo prazer de tirar o carro da garagem, eu o lavava todos os sábados, e assim aprendi a dirigir bem cedo. Certo dia, convoquei quatro amigos de infância e combinamos pegar o carro escondido, no sábado à noite, a fim de nos exibir para os outros garotos que não faziam parte de nossa turma. Tiramos o carro da garagem com todo cuidado e fomos nos divertir. Só que me esqueci que meu pai tinha um sexto sentido aguçado e percebia com facilidade as irregularidades à sua volta. Rapidamente ele foi à garagem e constatou que sua premonição estava certa; então ficou desesperado com o que pudesse vir a acontecer.

Quando voltamos para casa já passava da meia-noite. Desligamos o motor do carro uma quadra antes e o empurramos até a garagem para não fazer barulho. Quando entramos na varan-

Simplesmente Hercílio 27

da, lá estava ele, angustiado. Esperávamos uma violenta bronca, mas meu pai abraçou-me apertado e, aliviado, perguntou se estava tudo bem conosco. Tentamos justificar nossa atitude, mas ele se contentou com o fato de não ter acontecido nada conosco. Apenas pediu que cada um refletisse sobre o acontecido.

Aquela atitude nobre diante de uma situação em que, no mínimo, caberia um sermão tocou-me tão fundo que era impossível fazer novamente algo que viesse a magoá-lo.

Sentindo muita pena do esforço que meus pais faziam, fui trabalhar no Banco Mercantil e Industrial do Paraná, atual HSBC, com 13 anos de idade, e passei a pagar meus estudos.

Em 1960, me formei em contabilidade e, nessa época, trabalhei com meu pai. Tinha 17 anos, um diploma debaixo do braço e pouca perspectiva de futuro, pois era muito jovem, o que não inspirava muita confiança nos comerciantes e empresários. Então, continuei no escritório, fazendo aquele trabalho rotineiro.

Além dos clientes mensalistas, no final do ano ele conferia toda a contabilidade de algumas empresas que ainda não tinham contadores diplomados, e, assim, recebia honorários extras que o ajudavam no rendimento mensal.

Um belo dia, ele me pediu que assumisse aquelas escritas, a fim de evitar problemas em decorrência da numerosa quantidade de empresas que o solicitavam. A princípio achei que fosse somente assinar documentos, mas ele acabou me remunerando com os honorários que recebera. Aquilo fez com que eu me sentisse útil e realizado com o curso que acabara de concluir.

Algum tempo depois, descobri que, na ocasião em que meu pai abdicou daqueles honorários, atravessava uma fase financeira angustiosa, tendo perdido uma das melhores empresas para a qual prestava assessoria. Mesmo nesse momento tão difícil, ainda teve a grandeza de tal gesto.

Sem nunca falar nada ou demonstrar a situação desagradável que estava passando, continuou trabalhando. Deus nunca o deixou desamparado, mas concedia apenas o necessário para sua subsistência.

Em 1973, já com 30 anos, eu trabalhava numa firma de engenharia, com pretensões de crescer financeiramente. Cansado da desgastante rotina de trabalho, e em fase de dissolução do casamento, juntei-me a três colegas de trabalho e resolvemos tentar a vida em Porto Velho, Rondônia. Mas não contei para meus pais que estava viajando acompanhado de uma colega de trabalho, minha atual esposa, com a qual vivo há trinta e sete anos.

A sensação de estar omitindo esse fato me fazia muito mal, pois sempre dialogamos abertamente sobre todos os problemas. Portanto, não tinha sentido continuar com aquele segredo. Então, certo dia, criei coragem e escrevi para meu pai contando a verdade. Ele me respondeu dizendo que já sabia de tudo e que nunca havia tocado no assunto para não me constranger. Disse ainda que minha atitude poderia até ser recriminada perante a lei dos homens, mas só iria infringir as leis de Deus se eu deixasse de dar apoio à minha família.

Isso não queria dizer que ele apoiava tal procedimento. Ao contrário, sempre que ficava sabendo de algum casal de amigos que estava à beira da separação, lá estava Hercílio, sem entrar no mérito da questão, dando conselhos, fazendo-os entender os vínculos cármicos do passado e esclarecendo-os de que nada adiantaria fugir de tal situação sem quitar seus débitos uns com os outros. No meu caso, o fato já estava consumado; só restava aceitá-lo e dar amparo aos familiares.

Hercílio sempre foi um chefe de família presente. Preocupado com o bem-estar de todos, fazia o possível e o impossível para não deixar faltar nada a ninguém.

Aos domingos, era sagrado: para tirar dona Lola do fogão, com o qual ela convivia a semana inteira, levava-nos para almoçar num restaurante, tradição que manteve até o agravamento de sua saúde.

Muitas vezes, quando era recompensado por algum trabalho e dispunha de um dinheiro extra, antecipava-se, ao entrar no restaurante, e colocava um cheque debaixo do prato de cada um, dividindo aquela alegria com todos. "É melhor dividir em vida, porque você participa da alegria", dizia.

No final do domingo, quando não tinha compromissos agendados, costumava colocar todos os netos no carro e dirigir-se a Santa Felicidade, bairro gastronômico de comida italiana em Curitiba. Sentavam à mesa e, entre um salgadinho e outro, conversava como se fôssem todos adultos, aproveitando a ocasião, entre piadas e brincadeiras, para explanar seus conceitos sobre a realidade da vida terrena.

Sem nunca proibir cigarros ou bebidas alcoólicas, conseguiu fazer com que nenhum dos filhos tivesse qualquer tipo de vício.

As visitas de seus leitores eram constantes. Nesta foto de 1956, a família Maes recebe a visita da leitora Jainira, de Florianópolis.

Quando éramos pequenos, costumava fazer chacota quando estávamos em lugares públicos e víamos alguém fumando. Dizia: "Aquele cidadão deve ter sido um pajé na vida passada", ou então: " Se ele aspira a fumaça e depois solta, então para que aspirá-la?".

Não fumávamos não porque tivéssemos medo dele, pois meu pai nunca foi agressivo com ninguém, mas pela vergonha de passar pelo ridículo apontado por ele.

Hercílio tinha grande habilidade para desenhar a mão livre e criou várias histórias em quadrinhos sobre um personagem chamado Chico Fumaça, que vivia com um cigarro na boca.

Costumava brincar que minha irmã Zeila havia nascido com um organismo compatível com bateria de 6 volts, mas trabalhava com 12 volts. Quando muito pequena, ela tinha atitudes imprevisíveis de raiva, chutando tudo que via pela frente. Certa época, ela começou a bater a cabeça na parede para chamar a atenção. Meu pai não brigava, nem nunca levantou a mão para qualquer um dos filhos. Simplesmente começou a procurar lugares específicos para ela bater a cabeça, e disse:"Minha filha, venha bater a cabeça aqui; depois você vai bater ali, naquela parede...", e assim por diante. Não é que a partir daquele dia nunca mais ela teve acessos de raiva!

E assim ele nada proibia taxativamente. Com um humor constante, simplesmente mostrava o lado ridículo da situação.

Hercílio deu abrigo a um sobrinho abandonado pelos pais; depois tornou-se padrinho dele.

Nessa época, trabalhava com Waldomiro Guérios David,

que foi seu sócio na Exportadora Caboracy Ltda. Waldomiro viajou para os Estados Unidos e trouxe de lá alguns cortes de tropical inglês, deixando com meu pai para que guardasse em casa. Certo dia, ele observou que os tecidos haviam desaparecido e ficou desesperado com a situação. Sem dizer nada, saiu em direção ao centro da cidade e posicionou-se numa esquina, como se tivesse sido enviado para aquele lugar. Minutos depois, o afilhado apareceu, carregando o pacote debaixo do braço para vender numa casa próxima dali...

Hercílio nunca perdia a oportunidade de estar com os filhos. Aqui, com a pequena Yara.

Meu pai tinha por hábito fazer comparações, ligando fatos da vida material à vida espiritual, com o intuito de nos fazer compreender melhor a realidade.

Enquanto esteve à frente do grupo familiar, até sua saúde declinar, éramos considerados uma família do Terceiro Milênio.

Deus não proporcionou a Hercílio Maes facilidades financeiras, mas, por outro lado, deu enorme proteção a toda a família. Muitas vezes, quando ainda éramos crianças, ficávamos atônitos com o que acontecia.

Certo dia, estávamos retornando de uma cidade litorânea quando, de repente, o motor de nosso carro parou e não conseguimos fazê-lo funcionar novamente. Meu pai desceu e viu que o porta-malas estava aberto, com nossa bagagem a ponto de cair. Então fechou-o, sentou-se no carro, deu a partida e continuamos a viagem sem qualquer problema.

Em outra ocasião, ele estava de saída para o trabalho. Era de costume me deixar na escola. Mas, não sei por que razão, tivemos um atrito e eu não o acompanhei. Em seguida, recebemos a informação de que uma caminhonete havia colidido com o carro dele, ficando intacto apenas o espaço do motorista.

A preocupação de Hercílio com os filhos era muito grande. Ele nos mostrava o quanto éramos importantes em sua vida e nos orientava como agir em diversas situações.

Todo adolescente sabe que sair de casa sem ouvir um extenso sermão sobre o horário e os cuidados é quase impossível. Com ele era diferente. Apenas cumpríamos regras, estabelecíamos horários ou nos comprometíamos a dar uma ligadinha quando chegássemos aos lugares.

Mesmo em menor grau, a violência sempre fez parte da nossa realidade. Ele fazia nos sentirmos responsáveis, dando-nos uma base para que pudéssemos sobreviver. Conseguia sentar e conversar conosco sem que isso representasse perda de liberdade.

Fazia questão de que os filhos fossem morar perto dele quando chegasse o momento de sair de casa. Assim poderia participar discretamente da vida de cada um. Mas tinha consciência de que seria impossível mantê-los debaixo de suas asas, enquanto o mundo os chamava.

A primeira a se casar foi Zeila, que passou a morar no mesmo quarteirão de nossos pais. Posteriormente, em função da atividade do marido, ela teve que se mudar para o interior do Paraná. Meu pai ficou muito perdido.

No casamento de Yara, ele estava desempregado e, para evitar constrangimento, não contou a ninguém. Mesmo assim, conseguiu bancar a festa, com sacrifício. Mais tarde, Yara também teve seu destino alterado em função de uma transferência do marido para a cidade de Itabuna, na Bahia. Outro golpe difícil para ele.

Quando mudamos para o bairro das Mercês, Hercílio construiu uma casa de dois pavimentos, reservando a parte de cima para quando eu me casasse. Morei durante muitos anos ali, até que em 1973 fui embora para Porto Velho. Naquela época, telefonar era inviável e as correspondências demoravam de sete a dez dias para chegar. Ainda assim eu mandava e recebia um bilhete toda semana.

Nossa casa ficava aproximadamente a dois metros acima do nível da rua, e tinha uma rampa íngreme para chegar ao abrigo dos carros. Ele saía cedo, quase de madrugada, para o atendimento de seus pacientes, e costumava soltar o carro sem ligar o motor para não fazer barulho e me acordar.

Numa determinada noite, vim para casa com um carro emprestado (Ford Galaxie), cujo sistema de freios só funcionava com o motor ligado. Acordamos com o estrondo da batida no muro...

O patrimônio de Hercílio era uma casa, um fusca e os direitos autorais dos livros, parte doados a instituições.

Outra preocupação quase doentia de Hercílio era a de vir a faltar e deixar a família em situação difícil. Com a iminência de falir, sua preocupação aumentou e ele resolveu fazer um documento, em cartório, doando os direitos autorais de todos os livros para mim (documento este de que só fui ter conhecimento após seu falecimento).

O casamento de Yara.

Doou a casa para os três filhos, com usufruto para minha mãe, e o automóvel, que não tinha grande valor, permaneceu em seu nome para venda posterior.

A preocupação com a subsistência da família era tanta que, quando era convidado a fazer palestras em cidades vizinhas e se ausentava de Curitiba, deixava para nós um envelope fechado com os dizeres: "Só abrir em caso de falecimento".

Simplesmente Hercílio

Dentro dele estavam minuciosamente explicados todos os procedimentos a serem tomados e o nome das pessoas a quem deveríamos procurar.

❊ ❊ ❊

Hercílio sentia grande afeição pelos animais; em relação aos seres humanos, era mais realista. Mesmo penalizado com as situações cármicas dos indivíduos que rastejavam pela falta de algum membro, não deixava de ajudar, mas sempre fazia um pequeno comentário: "Imagine o que ele fez numa vida passada para que seu espírito tenha vindo preso a um corpo nessas condições".

Somente quem tem ou teve algum animal de estimação sabe o amor e a fidelidade que eles nos oferecem. Uma gata chamada Lilica era a companheira de meu pai durante as madrugadas, quando escrevia. Acordava com ele e o seguia o tempo inteiro, instalando-se sobre a mesinha pequena onde mal cabia a máquina de escrever.

As teclas da máquina, em velocidade, davam a Lilica a impressão de alguma coisa viva. Ela então tentava segurá-las com as patinhas, interrompendo constantemente o trabalho dele. Quando conseguia fazê-la parar, ela deitava sobre o original que ele estava copiando. Com toda paciência, tirava o papel de debaixo da gata e conversava com ela, pedindo que não chateasse. Finalmente ela se acomodava no seu colo e permanecia ali até a hora de ele sair para o atendimento aos pacientes.

Quando era mais novo, ele teve um cachorrinho vira-latas branco, chamado Sândi, que também foi seu grande companheiro.

Nem mesmo os insetos eram tratados de maneira diferente. Era comum que entrassem em nossa casa, que era rodeada de jardins, principalmente de rosas, as quais ele mesmo cuidava. Ele, então, costumava pegar uma folha para que subissem e os colocava cuidadosamente sobre alguma planta.

Certa ocasião, minha mãe resolveu armar uma ratoeira para apanhar um camundongo que costumava roubar o queijo do armário, mas não avisou meu pai. Quando ele se levantou pela manhã e viu o bichinho preso pelas patas, antes que dona Lola aparecesse, tirou-o daquela situação, fez curativos e o soltou no quintal.

Capítulo 4
Os amigos

Hercílio desejava muito que seus amigos mais próximos aderissem aos mesmos princípios que tanto o haviam entusiasmado. Entretanto, nem todos estavam dispostos a mudar. Ele não discutia, não era agressivo; pelo contrário, era bem humorado e não impunha suas ideias, mas conseguia apresentar seu ponto de vista.

Certa ocasião, em uma rodinha de amigos de bate-papo na rua Quinze de Novembro, conversavam sobre reencarnação, quando chegou um dos amigos mais resistentes aos princípios da doutrina e, ironicamente, perguntou: "Quer dizer que eu posso vir numa próxima existência no corpo de um burro?". Hercílio então respondeu: "Não, Deus não permite duas existências idênticas"... Todos riram a valer.

Meu pai achava que o tempo dele era curto, mas nem por isso deixava de dar atenção aos parentes e amigos. Então, nas reuniões e eventos, no meio de uma rodinha, estava ele lá entretendo os convidados com assuntos espiritualistas. Quando o ambiente não era propício, contava suas piadinhas puras e ingênuas com um jeito todo próprio. Suas anedotas preferidas eram sobre "caboclo", talvez por influência das comunicações mediúnicas do espírito Nhô Quim,[1] transmitidas

---
[1] Em nota ao prefácio "Explicação Necessária", na obra *Magia de Redenção*, Hercílio o descreve: "Nhô Quim é a individualização periespiritual de um excelente homem, filósofo sertanejo, espírito arguto, ágil, finíssimo e repentista, que viveu perto do litoral paranaense e cuja obra *Carrapichos de Nhô Quim* está sendo ultimada para o prelo. Há dez séculos passados, ele foi o discípulo Fuh-Planuh, irmão de uma vestal chinesa que fugiu de um templo e desposou um tapeceiro hindu, nascendo de ambos a entidade que hoje conhecemos por Ramatís".

nos trabalhos de mesa branca que ocorriam semanalmente em nossa casa.

Nhô Quim era uma entidade de sotaque caipira e de uma sutileza impressionante. Pelos "causos" que contava e perguntas que fazia, conseguia mexer fundo no brio dos assistentes, sem que a maioria deles soubesse quem estava sendo atingido pela brincadeira.

Os amigos de Hercílio que eram mais materialistas achavam um absurdo que ele, um amigo de bate-papo sobre futebol, tivesse virado um receitista homeopático, um escritor. Ele usava uma mecha de cabelo do paciente para prescrever o receituário homeopático. Um dia, um desses amigos quis testar a veracidade de seu trabalho e levou para ele um chumaço de pelo de gato, dizendo que era o cabelo de sua avó, que não estava bem de saúde. Hercílio fez os testes, levou a receita para ele e recomendou que fossem colocadas no pratinho dez gotas a cada seis horas, sempre que desse leite para sua avó...

Guardamos boas lembranças de infância das pessoas que fizeram parte do grupo de amigos e colaboradores das obras de Ramatís. Embora ainda criança, tive o prazer de conviver com elas.

Recebíamos constantemente visita de fãs e admiradores, que se hospedavam em nossa casa como se fossem pessoas da família. Ainda permanecem claros em minha mente Júlio Simó Costa, Wilson Maravalhas, Fernando Zardo, Vitório, Breno Trautwein, Cel. Levino Wischral, Cel. Amaro e Jizela Luz Ferreira, Sebastião Carvalho, Antonio Cortes e seu filho Antoninho. Porém, a lembrança mais marcante é a do casal Otavio e Neida Ulysséa, cuja chegada era esperada com ansiedade. Eles se hospedaram em nossa casa algumas vezes e tornaram-se membros da família, pela grande afinidade que sentíamos e pela dedicação fraterna dispensada a todos nós.

A amizade com o casal Ulysséa ficou para sempre. Na ocasião do I Congresso Ramatís, em Brasília, outubro de 1995, encontramos dona Lola com o casal amigo.

Todas as quartas-feiras esse grupo realizava em nossa casa,

na rua Brasílio Itiberê, no bairro Água Verde, um trabalho de terreiro em que meu pai era o único médium; os demais tinham apenas vontade de desenvolver-se.

O compadre Júlio Simó Costa, um homem muito forte, padrinho de minha irmã Zeila, foi nomeado cambono, espécie de auxiliar das entidades que atende às necessidades surgidas durante o trabalho e finalmente ajuda a amparar o médium no momento em que a entidade desincorpora.

Esse trabalho era realizado num cômodo da casa que meu pai usava como escritório. Todos os móveis eram cobertos com panos brancos e a sessão acontecia em um ambiente de muita paz. Ali, ele recebia o espírito de alguns amigos já falecidos, desta e de outras existências. Entre os quais estavam um médico desencarnado pregressamente, doutor Moacir Tadei da Rocha, o espírito de um índio que o ajudava em sua proteção, Caboracy, e Nhô Quim, que acreditávamos estar disfarçado de caipira para esconder um espírito elevado e, dessa forma, dizer as coisas em tom de brincadeira sem ofender as pessoas. Quando dirigia-se à minha mãe, chamava-a de Nhá Rola e, ao despedir-se, deixava sempre um alerta ou uma mensagem para o "Nhô Maes", como afetuosamente o chamava.

Eu era muito teimoso e demorava para aceitar certos conselhos que meus pais me davam. Certa vez, quando ainda era criança, Nhô Quim dirigiu-se a mim e disse: "Meu filho parece macaco teimoso! Os cocos estão caindo sobre sua cabeça e vosmecê não sai de debaixo do coqueiro".

Alguns pretos velhos também apareciam de vez em quando, deixando suas mensagens simples, mas com muita profundidade.

Os trabalhos terminavam perto das onze horas da noite. Então, dona Lola servia um café e os comentários sobre os ensinamentos continuavam mais ou menos até as três ou quatro horas da manhã; isso porque todos precisavam trabalhar no dia seguinte.

Esse mesmo grupo fundou o Centro Espírita da Boa Vontade, que funcionou durante um período nos fundos da casa do senhor Wilson Maravalhas e depois em uma casa simples, de madeira, na rua Capitão Max Wolf, mas teve de ser fechado por dificuldades financeiras, voltando a funcionar muito tempo depois.

Inicialmente, Hercílio ministrava as aulas usando toda a sua habilidade e criatividade. Para não precisar desenhar no quadro-negro, desenvolveu um esquema que utilizava um cavalete de madeira e uma tela de feltro verde. Ele desenhava e coloria figuras específicas para cada aula e colava feltro no verso para grudá-las na tela e movimentá-las mais rapidamente. Mais tarde, observei que o pastor da igreja que eu frequentava passou a usar esse mesmo sistema.

Lembro-me vagamente que ele recortava separadamente o cocheiro, o cavalo e a carroça, e assim explicava a ligação do espírito, do perispírito e do corpo.

Hercílio e seu cunhado Francisco Ferrer na rua Quinze de Novembro, 1940.

Eu costumava brincar quando meu pai se via às voltas com problemas financeiros, dizendo: "Quando a pessoa estiver precisando de dinheiro, não adianta conforto, orações etc., a ajuda tem que ser em moeda corrente".

Somente dois amigos se propuseram a ajudá-lo durante suas fases difíceis: Paulo Castaldelli, ex-diretor da Casa André Luiz, em São Paulo, que colocou um cheque em suas mãos, que ele não aceitou; e posteriormente Antonio Cortes, um amigo e fã das obras de Ramatís, que, pegando dona Lola distraída, pagou as despesas de internação quando ele estava doente.

Capítulo 5
Carma e compromisso

Durante seus anos de existência, Hercílio foi submetido a mais de cinco cirurgias, entre elas a de estômago, vesícula, duodeno e fígado. Quando precisava ser operado, aproveitava a época das festas natalinas para não atrapalhar o trabalho. Por isso, nossa família acabou passando alguns natais entre o hospital e o lar. Embora tenha ficado debilitado durante esse período, ele nunca perdeu o bom humor. Certa vez, acabara de voltar de uma cirurgia, quando o encarregado da manutenção do hospital entrou no quarto por engano, portando uma mala de ferramentas com serrote, martelo etc. Imediatamente, Hercílio perguntou a ele: "Vai me operar de novo?".

É muito comum, no decorrer de nossa vida, nos depararmos com adversários do passado. Na disputa por um lugar ao sol, ou mesmo em um relacionamento que não levamos muito a sério, acabamos agravando ainda mais nossa situação. Foi o que ocorreu quando ele desmanchou um namoro por vontade própria e acabou gerando um clima de animosidade com a ex-namorada. Alguns médiuns e amigos acreditavam que os momentos críticos de sua vida tinham origem nesse acontecimento.

Em 1950, após cinco cirurgias desnecessárias em que os médicos não encontraram os problemas apresentados nas radiografias, Nhô Quim pediu que ele fosse a um trabalho de terreiro e procurasse um caboclo chamado Ventania, quando então foi feito um atendimento que neutralizou a carga de magia preparada.

O caboclo orientou que Hercílio e dona Lola fizessem alguns banhos de descarga e pediu que ele abrisse o travesseiro que usava para dormir e retirasse o enchimento. Ainda meio inseguro, meu pai retornou do trabalho e imediatamente abriu o travesseiro e despejou todo o seu conteúdo dentro de uma banheira. Eu e minhas irmãs éramos muito pequenos e acompanhamos atentos tudo o que estava sendo feito, e as imagens que presenciamos permanecem na minha memória como se eu as tivesse visto há muito pouco tempo.

Para nossa surpresa, havia vários objetos dentro do travesseiro, entre eles um sapo totalmente seco, com a boca costurada. Mas o que mais nos chamou a atenção foi um feltro vermelho recortado na forma de um fígado humano, faltando um pedaço que correspondia mais ou menos a 40% de um estômago verdadeiro. Consideramos que seria a parte do órgão de meu pai perdida após três cirurgias. O feltro estava preso na ponta de um cordão dourado, engrossado com penas de galinha costuradas a mão, de maneira artesanal.

Nessa época, as urnas funerárias eram feitas de madeira de pinho, revestidas com um tecido cor violeta, fixado com tachas, e um debrum dourado dava acabamento nos cantos. O cordão dourado onde estavam costuradas as penas era feito desse debrum.

Fui testemunha ocular de tudo isso, com o consentimento dos meus pais, já que nem eles esperavam encontrar toda aquela barbaridade. Aquele fato foi narrado por Hercílio em uma correspondência datada de 7 de maio de 1970, enviada ao amigo Edgard Armond.[1]

---

[1] Hercílio narra o fato no rodapé do capítulo IV da obra *Magia de Redenção*, publicada pela **EDITORA DO CONHECIMENTO**.

Capítulo 6
A vida profissional

Depois dos três anos do curso de medicina, interrompidos contra sua vontade, Hercílio formou-se em direito na Universidade Federal do Paraná, em 1954. Zeila, a filha mais velha, tinha na época treze anos.

Muito antes disso, por volta de 1934, ele havia criado a empresa Móveis Diamante Ltda., que ocupava um quarteirão no bairro da Água Verde, mais precisamente na rua Basílio Itiberê, em Curitiba. Conforme já foi relatado, permaneceu pouco tempo com a empresa.

Mais tarde, já casado, ingressou no departamento jurídico do Instituto de Aposentadoria e Pensões dos Comerciários, (hoje compondo o INSS), onde exerceu uma das funções mais sofridas de sua carreira.

Muitas vezes, era obrigado a acompanhar o oficial de justiça em mandados de despejo de comerciantes inadimplentes. Penalizado com a situação, por sua livre e espontânea vontade, autorizava concessões de prazos maiores para pagamento da dívida, arriscando o próprio emprego.

Foi obrigado a fazer o curso de contabilidade novamente, porque perdeu o prazo para efetuar o registro do diploma, quando do primeiro curso. Após a conclusão, abriu um escritório de contabilidade na rua Marechal Floriano Peixoto, e ali trabalhava para algumas empresas de Curitiba, entre elas as Lojas Ali Babá, Sade & Cia, Sade e Hauer etc.

Nessa época, reencontrou o amigo Waldomiro Guérios David, que passara por sérios problemas de saúde na mocidade e fora curado com o receituário formulado pelo índio Caboracy, um dos protetores de meu pai.

Waldomiro decidiu montar uma fábrica de cabos de vassoura na cidade de Guarapuava, no Paraná, e o convidou para participar da sociedade com um pequeno percentual. Sua obrigação seria dividir as despesas do escritório e cuidar da documentação das exportações, tarefa um tanto difícil, em razão da burocracia exigida para exportar-se um produto brasileiro.

A empresa foi batizada com o nome de Exportadora Caboracy Ltda. Após o falecimento do amigo e sócio Waldomiro Guérios David, ela ainda continuou por um tempo sendo administrada pelo seu genro Zeca, mas não teve o mesmo sucesso anterior.

Com apenas 1% de participação, Hercílio não tinha grandes poderes na administração; limitava-se a cuidar da contabilidade e preparar a documentação para exportação. Muitas vezes, obrigava-se a efetuar empréstimos nos bancos, colocando o seu aval, pois gozava de toda confiança dos banqueiros, em virtude da forma justa e honesta com que procedia na vida.

Essa situação perdurou por dois ou três anos, até que foram obrigados a vendê-la.

Capítulo 7
Receituário homeopático

Paralelamente à tarefa de psicografia, Hercílio Maes atuava como médium receitista, aliás de rara eficiência. Entusiasta e pesquisador da medicina homeopática, começou a trabalhar com radiestesia. Com o receituário homeopático gratuito, atendia centenas de enfermos por semana, das seis às dez horas da manhã; a partir desse horário, cuidava dos compromissos da empresa.

Hercílio em seu gabinete de trabalho doméstico, com dona Lola e uma visitante; os frascos de homeopatia à frente.

Via de regra, só aceitava pacientes desenganados pela medicina. O número de casos complexos e incuráveis resolvidos com assistência de uma equipe de médicos espirituais nunca foi mencionado por ele. Sabemos somente que a quantidade de pacientes foi aumentando assustadoramente, e às cinco horas já havia fila na porta do edifício Manoel de Macedo; as escadas dos treze pavimentos ficavam totalmente lotadas. O síndico e o porteiro do prédio chamaram a atenção dele diversas vezes, até que não houve mais como continuar. Ofereceram-lhe, então, um espaço nas instalações do Centro Espírita Bom Samaritano, situado na rua Brigadeiro Franco, onde passou a realizar as consultas das seis horas ao meio-dia.

Pouco antes disso acontecer, o destino colocou em seu caminho, como vizinho de sala, o amigo Brenno Trautwein, um farmacêutico recém-formado vindo do interior do Paraná, que também era entusiasta da matéria, vindo mais tarde a ajudá-lo na revisão dos livros.

Brenno, pessoa inteligente e conhecedor da língua portuguesa, depois de conhecer Hercílio formou-se em medicina e especializou-se também em psiquiatria, além de outros cursos paralelos que ajudaram a sanar muitas dúvidas sobre assuntos científicos que surgiam nas obras de Ramatís.

A Cia. Paulista de Seguros resolveu abrir uma filial no centro de Curitiba e sua administração foi concedida a um outro amigo, Sescinato Chaves, o qual, conhecendo a popularidade de Hercílio, rapidamente convidou-o a gerenciar a filial.

Não era com o que meu pai pretendia trabalhar, mas para aliviar a situação financeira em que se encontrava aceitou o cargo.

Entre um despacho e outro, intercalava um paciente da radiestesia, até que não teve mais tempo para os trabalhos oficiais da companhia, caindo nos mesmos problemas que tivera no antigo edifício Manoel de Macedo. Finalmente, solicitou sua aposentadoria junto ao INSS.

No início do atendimento pela radiestesia, havia apenas uma farmácia homeopática em Curitiba, do dr. Waldomiro Pereira, médico e amigo, para a qual eram enviadas todas as receitas. Mais tarde, Waldomiro Pereira veio a falecer e a farmácia passou para a administração dos filhos. Ainda jovens e dinâmicos, eles vislumbraram a possibilidade de serem os fornecedores exclusivos dos clientes de Hercílio (outras farmácias instalavam-se em Curitiba) e ofereceram-lhe um percentual de participação nas vendas, o qual foi prontamente dispensado por meu pai, que aceitava apenas amostras grátis para distribuir entre seus pacientes.

Era comum algum assistido, grato com o resultado do tratamento, ofertar-lhe presentes, mas ele fazia questão de não aceitá-los, pedindo que doassem a alguma instituição de caridade. Chegou a ponto de devolver cestas de natal recebidas, deixando-nos frustrados.

Em algumas ocasiões, aceitava um pão feito em casa, uma

geleia caseira, só para não magoar os ofertantes, que eram pessoas humildes e poderiam interpretar como uma ofensa.

E assim, mesmo com sacrifício da própria saúde, dedicava dias e noites em favor dos seus semelhantes.

Capítulo 8
Radiestesia

Hercílio costumava dizer que a radiestesia era uma ciência tão velha quanto o mundo, uma ciência regida por leis, das quais o homem surpreendeu os segredos desde a mais alta antiguidade. Segundo historiadores e pesquisadores, a radiestesia era utilizada desde a Pré-história, conforme provam desenhos nos fundos de grutas e paredes de cavernas, habitadas pelo homem daquele período.

Na China, 2000 anos antes de nossa era, os radiestesistas usavam essa arte para encontrar fontes de água, minérios, e utilizavam-na também na agricultura.

Roma foi construída sobre um lugar escolhido por um radiestesista etrusco que determinou a zona de influências favoráveis à implantação da cidade. Um dos fatos que chamaram a atenção de meu pai foi justamente a maneira como algumas pessoas determinavam o local de fontes de água.

No início, quando pesquisava sobre o assunto, colocava alguns remédios alopáticos em forma de semicírculo, a mão esquerda ou o nome da pessoa sobre o centro desse semicírculo e com a direita segurava o pêndulo (um fio de costura amarrado a uma chave na ponta), até que oscilasse em direção a um determinado medicamento.

Experimentou toda a espécie de materiais para substituir a chave (cristais, pedras, metais nobres, esferas de madeira etc.). Em substituição ao simples papel com o nome da pessoa, passou a utilizar objetos de uso pessoal do paciente, e mais tarde mechas de cabelo.

Algum tempo depois, substituiu os remédios alopáticos por homeopáticos, colocando-os também na mesma posição.

Com o passar do tempo, o número de pacientes foi aumentando de forma assustadora, e ele foi obrigado a criar métodos mais práticos para conseguir dar conta da demanda.

Foi então que começou a fazer gráficos: utilizava uma cartolina de 20 x 30 cm aproximadamente, onde desenhava um semicírculo com 8 a 10 traços uniformes, saindo do centro e abrindo-se em direção à circunferência maior, formando vários triângulos.

Em cada triângulo, escrevia o nome de um sistema do corpo humano (cardiovascular, digestivo, respiratório, linfático, nervoso etc) e coloria com tons que representassem cada sistema. Em seguida, para cada um, abria um gráfico analítico usando título, subtítulo e cores. Exemplo: sistema digestivo – boca, glândulas salivares, dentes, faringe, estômago, fígado, vesícula etc.

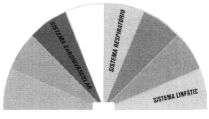
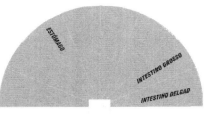
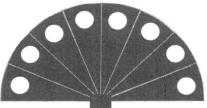
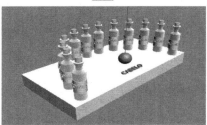

Gráficos radestésicos criados por Hercílio.

Finalmente criou um gráfico para estabelecer as dinamizações.[1]

---

[1] "Dinamização" é a denominação dada por Hahnemann (descobridor da homeopatia) ao processo conjunto, de diluição e agitação, lembrando "dínamo" ou força. Chamamos de potência ao número de vezes que a substância foi dinamizada. Do

Com isso, conseguia fazer uma pré-classificação dos pacientes por tipo de doença e, com as caixas de homeopatia já selecionadas pela prescrição, em pouco tempo tinha um diagnóstico inicial bem próximo da realidade.

A próxima etapa era pesquisar incansavelmente cada caso e detectar a origem da doença, que muitas vezes não tinha nada a ver com os sintomas apresentados.

Para detectar o elemento causador da alergia, por exemplo, colocava numa folha de papel branco os alimentos ou objetos em forma de semicírculo e, com uma mecha do cabelo do paciente no centro, esperava o pêndulo oscilar na direção daquele que originava o problema.

Assim, foi aprimorando e desenvolvendo sua sensibilidade, pesquisando e estudando, de forma que, em determinada época, já não havia mais necessidade do pêndulo: a vibração era sentida ao aproximar as mãos do objeto.

Uma das curas que lhe deu entusiasmo para dar continuidade ao seu trabalho foi a do neto Marcelo, filho de minha irmã Yara e de Antonio José, em 1968, quando tinha dois anos e meio.

Desde os dois anos, o menino apresentava sintomas de uma doença neurológica – a epilepsia – que progredia de forma rápida. Quando acometido pelas crises, ficava com uma aparência assustadora e, após recobrar os sentidos, apresentava períodos de cefaleia, sonolência, confusão mental, perda de consciência, além de ferimentos orais.

Foi nessa ocasião que Hercílio teve seu maior desafio. Mesmo a contragosto de meu cunhado, mandou suspender os medicamentos ministrados pelos médicos, especificamente o Gardenal, que tomava havia vários meses. As convulsões aumentaram durante um curto período e depois desapareceram, ficando o menino totalmente curado.

Hercílio jurou perante seu protetor que, caso não conseguisse curar o neto, desistiria do receituário.

---

ponto de vista homeopático, dizemos que, quanto mais dinamizado (e portanto mais diluído), mais potente é o medicamento. Os medicamentos homeopáticos são (quase sempre) dinamizados, isto é, a substância original é diluída e agitada.

Memórias da radiestesia

A maior prova da capacidade mediúnica e radiestésica de Hercílio pode ser dada pela própria família. Eu, por exemplo, fui conhecer médico com quase 40 anos de idade, e o mesmo aconteceu com minhas irmãs.

Quantas noites meus pais passaram em claro com nossos problemas de saúde: alguns comuns, mas outros complicados, como no meu caso, que sofria de convulsões. Os sintomas eram perda da memória, olhos virados para cima, dentes cerrados, além de contrações musculares.

Meu pai passava a noite inteira ao lado de minha cama, ministrando de hora em hora um medicamento homeopático. Ao acordar, eu me assustava com a presença dele, sentado ao meu lado. Ele nunca desistiu, e jamais precisei ser atendido por qualquer médico. Fiquei completamente curado e tive uma infância normal e saudável.

Outro caso de que me lembro com clareza foi da nora de um amigo seu, Honório Melo. Recém-casada, muito nova, a moça tinha vergonha de mostrar as mãos, de tão feias que eram, cobertas por uma alergia que formava feridas, tanto nas palmas como na parte superior. Haviam experimentado todo tipo de tratamento e não sabiam mais o que fazer. Então, levaram o caso para Hercílio, que prontamente tirou uma mecha de cabelos dela e passou horas em suas pesquisas para saber a origem da enfermidade.

Com o resultado na mão, ele prescreveu as homeopatias e suas dinamizações, orientou sobre a alimentação durante o período de tratamento e pediu paciência, pois o problema iria se agravar nos primeiros dias de tratamento, já que a homeopatia atua na origem, provocando esse agravamento.

Dito e feito! As mãos da jovem pioraram; porém, a confiança nele era tanta que os amigos resolveram levar até o fim o tratamento e, num prazo de 60 dias, ela estava completamente curada.

Como gratidão e aceitando a única recompensa possível, meu pai foi convidado a ser padrinho do primeiro filho do casal.

Outro caso em família foi o de sua neta Carla, filha de Yara e Antonio. A menina sofria de inflamação nas mucosas do nariz – uma rinite alérgica, cujos sintomas se confundiam com resfriado ou sinusite. Com o passar do tempo, o problema foi se agravando, com obstrução parcial do sistema respiratório. Após alguns testes e pesquisas, Hercílio descobriu que a causa estava num dos componentes do tomate e providenciou uma dose homeopática extraída desse elemento, que causava a alergia.

Hoje, Carla está com 41 anos e nunca mais apresentou qualquer sintoma relacionado à rinite alérgica.

A outra neta, Maristela Lourenço, filha do casal Zeila e Jamil, sofria com febres altíssimas, uma espécie de reação orgânica a algo que o seu organismo não conseguia processar e cujo controle era feito por medicamento alopático, até que Hercílio assumiu a responsabilidade pelo caso e, ministrando algumas doses homeopáticas, conseguiu que a febre fosse baixando e não mais retornasse.

Interessante foi o caso de Joanita de Lima, curada de uma alergia cuja causa era a intoxicação pelo tabaco. Nem o próprio marido sabia que ela fumava.

Josil Kafka, esposa de um companheiro de trabalho, apresentava fortes dores de cabeça e, em seus testes, meu pai constatou a dilatação anormal de uma artéria cerebral – o chamado aneurisma. Então, determinou precisamente onde se encontrava o problema, mas os médicos, na ocasião, resolveram não aceitar a opinião dele e, além da demora em tomar as medidas necessárias, preferiram optar por outro procedimento e Josil não resistiu.

Júlio Simó Costa, seu compadre e parceiro, tinha um sobrinho desenganado pelos médicos, que já haviam entregue os pontos. Hercílio assumiu a responsabilidade de tirá-lo do hospital e tratá-lo em casa, tendo o amigo, após um tempo, escapado de um final trágico.

Atride Baggio, ex-diretor do Banco Bamerindus, atual HSBC, e toda sua família, tratavam-se com meu pai. A confiança no trabalho dele era tanta, que, na ocasião do desaparecimento do avião em que o presidente do banco viajava, a primeira providência que Atride Baggio tomou, a fim de tentar localizar os destroços da aeronave, foi sugerir a Hercílio que usasse seu pêndulo para determinar o local da queda e desvendar o que havia acontecido de fato. Mas, nessa época, a doença já havia interrompido suas atividades e ele não teve condições de atendê-lo.

Minha irmã Yara lembra que alguns meses antes do agravamento do estado de saúde de meu pai, a título de brincadeira, ele fazia cálculos de que faltava um pequeno número de mulheres engravidarem com o tratamento homeopático, para completar "um ano" de pacientes com sucesso, ou seja, 360 casos resolvidos.

Isso não era vaidade, mas o humor saudável com que ele viveu e se manteve durante a vida toda.

Zeila, a filha mais velha, morava em Cascavel, interior do Paraná, e tinha uma amiga, Genessi Possamai, casada havia algum tempo e que não conseguira engravidar. Numa das viagens que Hercílio fez àquela cidade, encontrou essa moça, que lhe contou a frustração por não ter filhos. Ele retornou a Curitiba trazendo uma mecha de cabelos dela, elaborou a receita, ministrou o tratamento e hoje Genessi, cujo filho mais velho está com 39 anos, quando encontra Zeila, não economiza elogios, apontando-o como fruto do trabalho sério e abençoado de meu pai.

Um detalhe curioso: Hercílio costumava dizer que a cura do câncer poderia estar "no mecanismo do papo dos urubus", animal necrófago que se alimenta de carne em putrefação, sem passar mal, graças ao seu sistema imunológico e ao potente suco gástrico secretado por seu estômago.

Capítulo 9
As palestras

Nos finais de semana, Hercílio geralmente aceitava convites para dar palestras em cidades vizinhas. Mesclava conhecimento transcendental com brincadeiras e descontraía a plateia, que adorava vê-lo falar.

II Confraternização Espiritualista do Brasil, Florianópolis, 1955.

Ele tinha uma índole generosa e acolhia a todos com singeleza espiritual única. Dizia que não exercitava a eloquência e não gostava dessa prática. Ao contrário, conversava com o público. Suas palestras eram divertidas e didáticas.

Ao meio da palestra, quando sentia que o assunto ficava pesado, contava uma piada relacionada ao tema, aliviando assim o ambiente.

Lembro-me de uma palestra em que ele falava sobre o poder da mente e a fé como instrumento de confiança, e, num determinado momento, parou para contar uma história. Dizia que numa pequena cidade do interior não chovia havia muito tempo e o padre resolveu convocar os fiéis para uma procissão para pedir chuva. Ficou combinado que todos deveriam reunir-se na igreja, no domingo, e dali partiriam em procissão.

Chegado o dia, os fiéis já estavam dentro da igreja e o padre apareceu, olhou para todos e começou a expulsá-los, chamando-os de incrédulos, de gente de pouca fé. Um dos fiéis conseguiu aproximar-se dele e perguntou o que estava acontecendo. O padre, ainda nervoso, blasfemou, dizendo: "Se alguém tivesse fé, com certeza teria trazido sombrinha ou guarda-chuva..."

II Confraternização Espiritualista do Brasil, Florianópolis, 1955. O primeiro à esquerda é Hercílio Maes, o segundo dr. Portela Fagundes.

Alguns espíritas, quanto mais imersos na doutrina, ficam arrogantes e pouco simpáticos. Então, as palestras tornam-se enfadonhas e a linguagem empregada mais empolada.

Hercílio na III Confraternização Espiritualista do Brasil, Vitória, 1956.

Ao terminar suas "aulas", termo mais adequado que palestra, Hercílio ficava à disposição dos participantes para quaisquer esclarecimentos, e então se formavam grupinhos de pessoas que trocavam ideias sobre o assunto e depois se dirigiam a ele para esclarecer suas dúvidas.

Com isso, em curto prazo, Hercílio tornou-se conhecido em Curitiba e foi convidado pela Federa-

Centro Espírita Mensageiros da Paz. Hercílio Maes, Evilázio Correa e Rosinha Macedo, 1956.

ção Espírita do Paraná para uma palestra. Entre vários assuntos, abordou como tema principal o vegetarianismo.

O presidente da Federação, sr. Abib Isfer, carnívoro inveterado, e outros conselheiros adeptos das churrascadas, não tiveram dúvida: não o convidaram mais para novas palestras.

Capítulo 10
O cotidiano

Hercílio dormia muito pouco. Acordava sempre às três horas da madrugada, colocava para tocar os discos de seus compositores preferidos, como Beethoven, Chopin e Mozart, e começava a escrever, revisar ou trabalhar com radiestesia.

Às seis horas, passava a fazer o atendimento de seus pacientes. O horário do término das consultas variava muito; mas nunca era antes das dez horas. A partir daí, passava a cumprir seus compromissos profissionais.

Dona Lola o acompanhava, fazendo a distribuição de senhas numeradas, distraindo e confortando as pessoas que aguardavam na fila, muitas das quais com sérios problemas de saúde, algumas até já desenganadas pela medicina alopática.

Havia um número impressionante de atendimentos diários; porém, mais impressionante ainda era o percentual de curas realizadas.

Depois, faziam um lanche no centro e ali se separavam: minha mãe ia para casa e Hercílio para o escritório de contabilidade, onde permanecia até as seis horas da tarde.

Meu pai se alimentava muito mal. Por essa razão, era comum deixar o trabalho um pouco antes do horário do almoço e dirigir-se à confeitaria Iguassu, para fazer um lanche. Nesse ambiente, corrigia páginas e páginas de suas obras, entre uma piada e outra com os garçons, que demonstravam grande admiração por ele.

No final da tarde, retornava para casa e, antes do jantar,

lá estava ele escrevendo ou corrigindo os textos. Fazia isso no escritório naturalmente, sem necessidade de isolamento, com a porta aberta, e até mesmo com visitas na sala ao lado.

O tempo para ele era um tesouro muito precioso. Por isso, não o desperdiçava com conversas fúteis, festas e reuniões sem sentido.

Era impossível esconder a felicidade pelos resultados obtidos nos tratamentos homeopáticos. Durante o jantar, os comentários sempre giravam em torno das curas realizadas, o que para nós, seus filhos, era algo normal. Muitas vezes, ele nem jantava, e lá pelas onze horas ia deitar-se, pois sofria de insônia.

Não gostava de dirigir; preferia andar de ônibus, aproveitando o tempo para ler. Costumava fazer anotações de assuntos interessantes na contracapa dos livros, para que pudesse consultar posteriormente sempre que quisesse.

Hercílio nunca participou de cursos de leitura dinâmica; no entanto, conseguiu desenvolver essa técnica. Chegava a ler um livro por dia, utilizando somente os intervalos entre uma atividade e outra.

Possuía uma imensa biblioteca e uma discoteca, para a qual destinava o maior cuidado; tinha um grande ciúme dos seus discos de vinil.

Mudamos de endereço algumas vezes, e o mais difícil era o transporte dos livros.

Quando ia de automóvel para o trabalho, muitas vezes o esquecia estacionado no centro da cidade e voltava de ônibus, sem lembrar o local onde o havia deixado.

Gostava de cultivar flores: rosas, preferencialmente. Sofria com o ataque das formigas, que acabavam com seu jardim e, sempre em tom irônico, criticava a criação daqueles pequenos insetos.

Era perfeccionista no que fazia e sofria muito com isso. Um bom exemplo era o seu aparelho de som, com o qual lutou toda a vida para deixá-lo próximo da perfeição. Os amigos conseguiam importar agulhas de cristal, alto-falantes enormes de alta fidelidade, transformando suas caixas de som em verdadeiros armários. Problemas como esses estariam resolvidos hoje em dia com os computadores ou os minúsculos e potentes aparelhos de som criados com a evolução tecnológica.

O mesmo acontecia com os livros de Ramatís: sentia-se inseguro na hora de publicá-los, revisava-os diversas vezes, submetia-os à apreciação de professores, companheiros de doutrina, e ainda assim ficava apreensivo com a resposta dos leitores.

Certa vez, após uma palestra que fez em Florianópolis, um grupo de pessoas passou a reunir-se em um pequeno apartamento nosso, à rua Francisco Rocha, e começou a dar corpo à ideia de Otavio Ulisséa de fundar uma faculdade espírita. Assim, começaram a rascunhar os primeiros planos para a realização desse objetivo.

Esse grupo era composto por Lauro Schleder, Honório Melo, Walter do Amaral, Lucio Kafka, Adolfo Ricks Junior, Maria da Paz Ribeiro, Adolpho Ferreira Araújo, Otavio Ulisséa e sua esposa Neida. Inicialmente Hercílio achou que seria um sonho impossível, mas assim mesmo ajudou nos primeiros passos. No entanto, como seus afazeres eram muitos, afastou-se um pouco e Otavio Ulisséa e sua esposa Neida, que eram idealistas e ferrenhos defensores da doutrina espírita, deram continuidade ao projeto, que foi plenamente concretizado.

Hoje, a faculdade é uma realidade. Nela funciona a "Fraternidade Ramatís Hercílio Maes", com uma biblioteca e um museu em homenagem a meu pai.

No dia 4 de março de 1949, Alziro Elias Abrãao David Zarur lançou o programa "Hora da Boa Vontade", na Rádio Globo, e em 1° de janeiro de 1950 foi criada oficialmente a Legião da Boa Vontade (LBV). Mais tarde, a filial de Curitiba foi entregue a Evilazio Coelho, um amigo de meu pai. Nessa época, ele acabara de escrever *A Vida no Planeta Marte e os Discos Voadores* e então resolveu doar os direitos autorais da primeira edição a essa instituição.

Foi assim que ele, além de conseguir um parceiro para a edição de sua obra, contribuiu com a LBV, que tinha meios para isso e interesse no sucesso da obra.

A única vez em que Hercílio teve um contato pessoal com Alziro Zarur, presidente da LBV, foi nessa ocasião. O agradecimento à doação foi feito durante um almoço em nossa casa.

Capítulo II
Momentos derradeiros

Eu morava em Porto Velho, Rondônia, e mantinha contato com meu pai por correspondência, que era trocada com frequência, e algumas vezes por telefone, sistema bastante precário na época.

De repente, fui avisado que ele tivera um problema de saúde: sofrera um AVC. Ao sair do hospital, aparentemente recuperado, pois conversava normalmente, sofreu um derrame cerebral, sentado na cadeira de rodas.

Meus familiares achavam que nossa separação havia contribuído para o agravamento da doença, pois ele comentava com minha mãe que sentia muitas saudades, o que foi confirmado posteriormente por um bilhete enviado ao meu sócio, pedindo que facilitasse o meu retorno.

Com isso, larguei tudo imediatamente, vendi minha parte na empresa e retornei definitivamente, mas o problema já estava consumado.

Nesse período, Hercílio passou por bons e maus momentos, mas não pôde desenvolver qualquer atividade, por mais simples que fosse.

Como sempre fora muito ativo, e até então não sabíamos de onde tirava tanta energia, ao ver-se privado de suas funções, sofreu bastante.

Doutor Brenno Trautwein, médico e amigo particular, sabendo que a situação era irreversível, o mantinha sob medi-

Curitiba 29 de Janeiro de 1976

Estimadissimo Amigo Neury.

Meus votos de Paz e Alegria.

Há muito tempo eu pretendia escrever-lhe, em face dos benefícios que o Mauro recebe de você, nesse gesto amoroso de irmão e filho. Aliás, desde criança mamãe Lôla tambmem considera você seu filho, com muita saudade daqueles tempos em que você e o Mauro, quais irmãos festejavam a vida da gente.

Peço a você; ajude o Mauro, pois a Lôla lhe considera um outro filho, e aqqui ela so se consola, porque diz que o Mauro esta junto do Neuri. Ampare o Mauro que você não se arrependerá, porquanto tenhb pedido a Sto. Antonio por você também, e assim você esta protegido pelo meu protetor.

Tudo o que o Mauro fizer ai eu endosso, seja dividas, adiantamentos ou empréstimos bancparios, digo, bancários! Creia Neyri você é igual a um ser de nossas família e sempre grato pela sua bondade para com o Mauro, e essa gentileza de um bom espirito. Há de chegar o momento, em que nos yambém devolveremos essas ajudas benfeitoras a você. E ainda aquele menino de calças curtas, que caiava lá em casa na infancia do Mauro.

Bem, aguardo noticias dai, e que você me ajuda a devolver-me o mm motivo de minha vida, que é o Mauroł.... Você já o conhece como um homem leal e honesto, alem de um otimo coração.

Meus abraços da Lola e torno a repetir;ajude-me a volta do Mauro'

Do amigo Hercilio maes.

Carta de Hercílio ao amigo Neury, em que pede ajuda no retorno do filho querido.

Já enfermo, Hercílio com dona Lola, Simone e Mauro.

cação para aliviar-lhe o sofrimento, o que perdurou por algum tempo até que, inconformados com a situação, procuramos um outro médico, dr. Ary Leon Jurkiewicz, que mudou totalmente a medicação, levando-o a uma sensível melhora, a ponto de ele começar a ler revistas e comentar sobre o assunto lido, dando-nos grandes esperanças de sua recuperação.

Mas isso não durou muito tempo, e então a recaída foi maior; daí por diante, ele passou a ter uma vida vegetativa.

Eu consegui trazer meu pai para o mesmo edifício onde eu morava, num andar abaixo do meu, e assim podia dar assistência a minha mãe, que assumira, junto com minhas irmãs, a responsabilidade de cuidar dele. E assim, cada um ajudando um pouco, conseguíamos proporcionar algumas folgas para dona Lola, a fim de que ela tivesse descanso.

Hercílio não falava mais, apenas sinalizava com a cabeça "sim" ou "não", mas conseguíamos ver nos olhos o seu sofrimento íntimo.

Eu passava diariamente na casa dele para ver se precisava de alguma coisa. Certo dia, estava no quarto com ele, beijei-o na testa e, quando ia saindo, ouvi-o dizer: "Já vai, meu filho?". Voltei espantado, pois há meses ele não falava, e rapidamente perguntei se ele queria que eu ficasse, mas não conseguiu nem mesmo esboçar qualquer movimento.

Alguns meses depois, no dia 24 de setembro de 1993, meu pai nos deixou, aos 80 anos. Ficara enfermo por quinze anos.

❇ ❇ ❇

Hercílio Maes teve uma vida verdadeiramente edificante, dedicando-a aos necessitados e aos afazeres mediúnicos, pelos quais não aceitava qualquer espécie de pagamento.

Os direitos autorais de seu primeiro livro foram doados inicialmente à Legião da Boa Vontade. Depois, usou a pequena renda, fruto de contratos malfeitos, sem a menor preocupação em auferir lucros, em favor dos necessitados que não tinham condições de comprar os medicamentos homeopáticos prescritos em seus receituários mediúnicos.

Finalmente, os direitos autorais foram cedidos à Editora do Conhecimento, que tem como objetivo principal a divulgação das obras de Ramatís.

Sua constrangedora humildade e seu desapego foram a mais notável e marcante exteriorização da grandiosidade de seu espírito, o que pode ser avaliado claramente no testemunho explícito de sua vida e obra.

No que diz respeito aos bens materiais, morreu tão pobre quanto no início da vida, pois recebia somente os proventos de sua aposentadoria. Do ponto de vista espiritual, porém, considerava-se um homem rico por ter conseguido multiplicar e disseminar os conhecimentos recebidos.

Após o agravamento de seu estado de saúde, passei a controlar os pagamentos semestrais efetuados pela Livraria Freitas Bastos S.A., o que nunca havia sido feito antes por ele: uma porque ele tinha total confiança naquela editora[1], outra porque não dava a mínima importância para valores, e sim para a quantidade vendida, que refletia a aceitação da obra de Ramatís.

As vendas dos livros, então, caíram muito e os valores rece-

---

[1] Em carta de 13/2/1979 ao amigo Sebastião Carvalho, Hercílio declarava: "Alberto Abuláfia era excelente e digna pessoa, correttíssimo no intercâmbio comercial das obras de Ramatís! O seu desencarne encheu-me o coração de dor e tristeza, porquanto eu já o considerava um irmão! Acredito que Deus lhe dará um bom recanto nos planos celestiais, em face de seu caráter e sentimentos superiores. Não sei quem irá substituí-lo na Freitas Bastos S.A., mas acredito que seja pessoa também de alto valor".

bidos eram irrisórios. Ainda assim, dona Lola conseguia contribuir para diversas entidades filantrópicas.

Certo dia, resolvemos passar o controle para minha irmã Zeila, que enfrentou o pior período vivido pela Editora Freitas Bastos, que durou aproximadamente cinco anos, época em que poucos livros foram reeditados.

Então, em 1998, dona Lola foi participar do 3º Congresso Ramatís, em São Paulo, e conheceu Sérgio Carvalho, ramatisiano de coração e empresário em Limeira, que lhe ofereceu os seus serviços de editor.

Nesse período, preocupados com a lentidão e as pequenas tiragens com que a Editora Freitas Bastos trabalhava, tínhamos suspendido novas publicações.

Coincidência ou não, recebi um telefonema de Sérgio Carvalho oferecendo os seus préstimos e, acreditando que deveria ser uma intervenção do Espaço, resolvi passar para ele a difícil tarefa de reeditar, fazer publicidade e vender as obras de Ramatís, pelo que lhe sou muito grato, não só por ter me tirado essa responsabilidade, mas também pelo carinho, dedicação e esmero com que elabora os livros e as capas das obras, utilizando material de primeira linha, e até por sua empolgação contagiante, permitindo assim que uma infinidade de pessoas seja iluminada pelos conhecimentos nelas contidas.

Muitas vezes, nos perguntam por que não guardamos lembranças, objetos, fotografias da vida de Hercílio. Enquanto ele esteve à frente da família, vivemos num ambiente da mais perfeita harmonia. As pessoas que conviviam conosco a denominavam de *a família do Terceiro Milênio,* pois éramos orientados a não nos apegar às coisas materiais.

O sofrimento começa justamente quando nos apegamos a algo.

Buda dizia que um dos pilares que sustentam o sofrimento humano é o apego: aos bens materiais, às pessoas, às crenças, aos sentimentos, aos pensamentos errôneos do passado etc.

O desapego significa o início de nossa liberdade, o fim de nossa prisão de valores e a oportunidade de nos tornarmos efetivamente conscientes de que somos os senhores de nossos destinos.

Meu pai costumava dizer que não devemos achar que a

vida acontece só por intervenção divina, ou que não precisamos lutar, ficando a espera de que Deus nos cure. Segundo ele, nosso planeta é como um enorme teatro onde é apresentada uma peça permanente, que pode ser intitulada "O difícil caminho evolutivo". Nessa peça, não existem vítimas ou algozes. Ambos são personagens a serem encenados no riquíssimo teatro da vida, em que somos ao mesmo tempo figurantes, atores e diretores.

Nele, espíritos que mantém sua identidade de origem representam papéis diversos, com *scripts* pré-estabelecidos, que, no entanto, podem sofrer alterações durante as cenas, a critério e responsabilidade do personagem.

É como se nascêssemos com um projeto de vida a ser interpretado nessa peça. Mas, ao entrarmos na cena física, ficássemos privados de uma memória anterior, apesar de o conhecimento desse grande projeto manter-se silencioso em nossos corações, pronto para ser lembrado a cada cena. Justamente por isso, temos que seguir de acordo com o que trazemos gravado. Somente assim conseguiremos interpretar nosso papel, fazer nosso personagem acontecer.

Certamente, muitos desempenharão seu papel conforme está escrito no roteiro. Estes conseguirão superar as adversidades e tornar-se atores de renome, levando o personagem ao sucesso e fazendo com que muitas pessoas sigam seu bom exemplo. Outros tantos não conseguirão sequer lembrar-se de que têm um papel a interpretar. Com isso, não conseguirão convencer os seus pares, tornando-se simples coadjuvantes ou abandonando a cena. Estes serão esquecidos pelo tempo e, por não conseguirem seguir as lembranças de seus corações, inverterão os papéis, trocarão suas cenas e acabarão revoltando-se com o autor, simplesmente porque não entenderam nada.

O objetivo principal de nossa existência é crescermos espiritualmente, até que consigamos passar de fase.

Muitas vezes, a direção coloca num mesmo ato um artista consagrado, de nível superior, como convidado especial, para ajudar os integrantes a melhorar seu desempenho, assim como fez colocando Hercílio Maes para encenar conosco.

Entusiasmado com a beleza do cenário, com o som maravilhoso, com as mordomias do meu personagem, com aqueles que contracenaram comigo, acabei muitas vezes esquecendo o *script* e o convidado especial foi obrigado a puxar a cena sozinho para não decepcionar o diretor. E, como já era previsto, saiu de cena um pouco antes, de forma brilhante, deixando saudades de sua participação.

Tomara que ao sair de cena eu possa encontrar no camarim dos figurantes um bilhete pregado na porta: "Não desanime, com certeza nosso diretor dará a você outra chance!".

Segundo Hercílio, só existe uma maneira de bem interpretar nosso personagem: seguir nosso coração, orientar-nos pela intuição e trilhar o caminho do bem. Assim, cumpriremos com absoluto sucesso o papel que Deus nos destinou no teatro da vida e que nos marcará por toda a eternidade.

Capítulo 12
Obras de Hercílio Maes

Hercílio Maes começou a psicografar aos 35 anos. Ao longo de 27 anos, recebeu quinze obras, doze de Ramatís e três de seu discípulo Atanagildo:

- *A Vida no Planeta Marte e os Discos Voadores* – 1955
- *Mensagens do Astral* – 1956
- *A Vida Além da Sepultura* – 1957
- *A Sobrevivência do Espírito* – 1958
- *Fisiologia da Alma* – 1959
- *Mediunismo* – 1960
- *Mediunidade de Cura* – 1963
- *O Sublime Peregrino* – 1964
- *Elucidações do Além* – 1964
- *Semeando e Colhendo* – 1965
- *A Missão do Espiritismo* – 1967
- *Magia de Redenção* – 1967
- *A Vida Humana e o Espírito Imortal* – 1970
- *O Evangelho à Luz do Cosmo* – 1974
- *Sob a Luz do Espiritismo* – 1999

À época do início das publicações das obras de Ramatís, na década de 50, vários trechos foram divulgados na forma de folhetos e opúsculos, cuidadosamente impressos em tipografia e distribuídos graciosamente, com o fito de disseminação de ensinamentos espiritualistas.

Assim foi com o opúsculo *Conexões de Profecias*, uma amostra do que mais tarde seria publicado com o título *Mensagens do Astral* (1ª edição em 1956).

O folheto *O Sol* teve uma tiragem inicial de cinco mil exemplares, datada de setembro de 1954, impresso e distribuído pelo então major Levino Cornélio Wischral, responsável pela introdução de meu pai no desenvolvimento mediúnico. Essa pequena obra, apresentada na forma de "narrativas mediúnicas para meditação dos que apreciam as partes científica e filosófica do espiritismo", consta de duas partes.

A primeira é uma exposição sobre o Sol e seus habitantes, em linguagem humilde e singela, de autoria do espírito que se identifica como monge Henrique Voes, em comunicação através da médium Guilhermina Drischel.

A segunda parte provém de Ramatís, recebida por intermédio de Hercílio Maes, em 13 de abril de 1954, em que tece comentários sobre a mensagem subscrita por Voes, estende e aprofunda suas descrições e explicações, antecipando informações acerca da temperatura na superfície do Sol, que só recentemente foram comprovadas pela ciência oficial.

Capítulo 13
Vidas anteriores

Hercílio Maes, em consonância com sua sensibilidade psíquica apurada, desenvolvida em existências anteriores, tinha extrema facilidade de sintonizar com vidas passadas suas e de outras pessoas.

Costumava fazer isso quando o conhecimento de fatos de vidas pretéritas podia auxiliar a pessoa a entender e atravessar melhor circunstâncias cármicas atuais.

Tinha claras recordações de diversas encarnações suas e a consciência do papel que elas ocupavam na trajetória evolutiva de seu espírito.

De algumas informações fornecidas por ele, em cartas e comentários a amigos próximos, e numa das raríssimas entrevistas à imprensa, pode-se levantar ligeiramente o véu do passado e traçar um perfil – limitado, é certo! – da trajetória desse espírito que, conforme deixou entrever em certa passagem, convivia com Ramatís desde a época da extinta Atlântida. Eis o que consta:

> Lembro-me de que fui mago na Caldeia, governador de uma pequena região da Assíria, escravo no Egito, discípulo de Pitágoras na Grécia, sacerdote bramânico na Índia, queimado pela Santa Inquisição em Barcelona, na Espanha, em 1556. Participei do movimento clandestino de imprensa revolucionária na França e, enfim, andei envolvido em movimentos políticos na Itália, em minha última existência.
> (Entrevista à revista *Panorama*, de Curitiba, em 1969.)

Revista Panorama, nº 202, ano XIX, julho de 1969.

Lembremos que Pitágoras foi uma das encarnações de Ramatís, no século V antes de Cristo. Quanto à última encarnação italiana de Hercílio, o coronel Levino Wischral e a esposa, dona Ernestina, tinham sido seus pais – ele como Ângelo Caboraccio, na cidade de Catania, perto de Palermo, na Sicília.

Em um texto de recordações de Sebastião Carvalho, advogado carioca que foi um fiel amigo de meu pai, há referências a algumas de suas vidas e enredos cármicos importantes. Diz Sebastião:

> No Rio, em 1969, presenciamos Hercílio Maes fazer a leitura akásica do irmão A.M.A., nosso amigo comum. Disse-lhe o médium: "Essa pequena mancha escura bem no centro de sua testa deve-se a um 'sinal' do distante passado. Vejo-nos a ambos numa longa fila de prisioneiros condenados à morte; seríamos introduzidos vivos, pelos pés, na fornalha acesa no ventre do gigantesco ídolo Moloch. Eu (H.M.) havia comprado minha salvação com ricos presentes de ouro à bela sacerdotisa, que preparou minha fuga numa confusão adrede planejada, e que você (A.M.A.) acabou ajudando, sem dela saber. Não tendo como fugir, você burlou a vigilância

Simplesmente Hercílio

de jovem lanceiro, partiu em disparada sobre um rochedo e esfacelou o crânio, sucidando-se naquele momento, fugindo ao testemunho pelo fogo. Por causa disso, na presente encarnação tem encontro indesmarcável com parte das consequências desse gesto desesperado que prejudicou sua cabeça, mas não reduziu seu patrimônio intelectual, nem moral". (Nosso querido irmão desencarnou em decorrência do parkinsonismo, em silencioso sofrimento, sem jamais revoltar-se durante cerca de três anos, tendo visões constantes e aterradoras dos cobradores do passado)."Assim", concluíra Hercílio, "caro irmão A.M.A., enquanto você trocou o resgate cobrado pelas mãos dos adeptos de Moloch pelo suicídio, eu fugi, mas eles me pegaram, em 1556, queimando-me na fogueira da Inquisição. Não fiquemos tristes, pois acabamos com esses débitos terríveis com a Lei, dívidas essas por nós mesmos contraídas quando, milhares de anos antes, como sacerdotes venais, conduzimos milhares desses espíritos à idolatria, atrasando-lhes a evolução espiritual. Hoje, que nos apaziguamos sob a justiça do Evangelho de Jesus e a consolação do espiritismo, damo-nos pressa em acender luzes que facilitem a caminhada mais breve de nossos irmãos de jornada terráquea.Como vê, não se faz o bem impunemente entre tantos aborrecidos da Luz, e nós temos que insistir na libertação desses espíritos ainda prisioneiros daqueles 'cancros' religiosos. Ramatís, nosso amoroso mestre do passado e mentor do presente, pede-nos muito trabalho, solidariedade e tolerância, principalmente com nossos irmãos de fé, pois sua tarefa (de Ramatís), outorgada por Jesus, é de libertação e derramamento da Luz para todo o mundo".

E continua:

"Há milênios passados, quando nossos espíritos se saturaram no mal, fomos recolhidos pela misericórdia do Cristo Jesus. Nesse ponto culminante da minha evolução, quando optei pelo Cordeiro, fui hospitalizado em região inabordável do Alto (livre da influência dos amigos e dos adversários) por cerca de quatro séculos, para o encontro íntimo comigo mesmo. Passada essa "quarentena" terapêutica, os psicólogos do Alto concluíram pela minha total reforma de caráter, sendo devolvido ao nosso plano, onde iniciei novo carreiro de reencarnações reparatórias e retificadoras.
Em certo momento, como simples escravo aguadeiro (algo

próximo de uma besta de carga, transportador de água em pesados volumes), tropecei e caí, respingando nos trajes de bela mulher da corte do Faraó (nesta atual reencarnação reencontrei-o sob o "disfarce" da personalidade brasileira do querido comandante Edgard Armond). Seria corriqueiramente condenado à morte e empalado vivo. O grão-mestre do Egito condoeu-se de mim, subtraiu-me à condenação e tomou-me sob sua proteção; alfabetizou-me e, posteriormente, sob férrea disciplina, conduziu-me à iniciação. Aquele ser que me ofereceu a maior oportunidade de regeneração era Ramatís, de quem tornei-me fiel servo e a quem dedicava fidelidade canina, há alguns séculos transformada em união espiritual em torno de grandioso projeto. Reconheço-me ainda discípulo muito imperfeito. Minha recuperação e adesão ao Evangelho em espírito e verdade é fruto do amor e respeito a Jesus e a Ramatís".

Uma das encarnações retificadoras, a que meu pai alude acima, é assim descrita por Sebastião Carvalho:

> Quando Hercílio Maes veio ao Rio, em 1969, Aluizio e eu fomos vê-lo no modesto hotel que ele conhecia na rua Cândido Mendes, bem no alto. Assim que terminou o café, veio ao nosso encontro, cumprimentando-nos efusivamente. Era comum Hercílio me chamar de Salvador e não Sebastião. Assim que tive uma chance perguntei-lhe: "Hercílio, por que troca meu nome e me chama de Salvador?". Ele parou, meditou, mentalizou e concentrando-se, começou a falar: "Numa vida passada, em 1556, eu vivi muitos anos na Índia e lá aprendi muita coisa sobre a reencarnação. Ao voltar para a Espanha, arranjei trabalho numa ordem religiosa, onde tomava conta da despensa. Com a amizade que foi surgindo com os religiosos, alguns se interessavam muito pelas minhas conversas sobre reencarnação, da qual eu falava ocultamente, incluindo o nosso Sebastião. Com o passar do tempo, fui denunciado ao prior daquela Ordem e ele investigou e decretou o meu assassinato, de que fui informado em segredo por nosso irmão aqui presente, um dos mais atentos amigos, que propiciou-me a fuga. Fiquei escondido por dois anos entre trabalhadores do porto de Cádiz, onde fui localizado pelo longo braço da Inquisição, que me levou à morte na fogueira. Acho que isso explica por que te chamo de Salvador".
> Aquele prior do antigo convento (sempre morriam no cargo),

reencarnado no Brasil como negociante de literatura, agora era dirigente espírita. E teve-o sob seus olhares atentos por mais de quarenta anos. Hercílio Maes, certa vez, do 13º andar do edifício onde funcionava seu escritório em Curitiba (e onde atendia semanalmente a centenas de pessoas através da radiestesia e da homeopatia, auxiliado por sua esposa dona Lola), mostrou-nos o local, detalhando o reencontro e a curiosa e insistente vigilância que sobre ele exercia seu primeiro "patrão".[1] Seus olhos, marejados de lágrimas, e seu rosto emocionado, deixaram-nos a certeza de que o antigo algoz ainda o perseguiria por muito tempo. E a Lei do Carma os reuniu, lobo e ovelha, para se apaziguarem... .

Em carta a Érica e Don Ivo Silva, em 9 de março de 1971, Hercílio menciona outras vidas anteriores. Érica da Silva era outra aluna de radiestesia, que morava no Rio; a troca de informações se dava apenas por carta:

> Eu fui pequenino rei na Caldeia, na cidade de Ur (que quer dizer, em árabe, Marte), mago na Babilônia e principalmente na instituição "Serpentes Vermelhas", na Atlântida. Fui discípulo de Pitágoras em Crotona, na Grécia, conheci Phylon de Alexandria[2] e cheguei a ver Jesus, de passagem, algumas vezes. Já fui também assírio, egípcio, hindu, espanhol, francês, italiano e brasileiro. Não vivi entre os povos eslavos, anglo-saxônicos, escandinavos ou germânicos, embora agora seja filho de alemão, descendente. Fui escritor na França, com certa fama, isso eu sei.

---

[1] Em seu primeiro trabalho como jornaleiro, ainda criança, Hercílio teve como patrão esse dirigente espírita e comerciante do ramo de livros, na época do relato.
[2] Phylon de Alexandria, um conhecido filósofo judeu à época de Jesus, foi uma das encarnações de Ramatís. Ele se deslocou para a Palestina, à época do Mestre Jesus, e ali encontrou-se com diversos iniciados e também com vários espíritos a ele afins, como é o caso de Hercílio.

Capítulo 14
As provas finais na escola terrestre

Hercílio Maes era daqueles alunos da escola terrena que, conscientes do próximo encerramento do "ano letivo" – a transição planetária em curso –, decidem concluir rapidamente as provas pendentes no seu currículo. Espíritos corajosos, acham-se atualmente por toda a parte prestando as provas finais que os libertarão de velhas pendências cármicas.

Suas próprias palavras, registradas em carta ao amigo Sebastião Carvalho, datada de 13 de fevereiro de 1979, expõem, em itens sucessivos, sua consciência da programação cármica que se iniciava e a concordância de seu espírito consciente:

> MINHA SAÚDE – Conforme vocês devem ter sabido, fui vitimado por um espasmo cerebral (AVC), dois derrames, uma parada cardíaca, um cálculo renal, convulsões que exauriam-me as forças psíquicas, e ainda 26 dias em estado de coma. Nem me recordo quantos meses de hospitalização, mas o certo é que todos os médicos me desenganaram e diziam, mesmo, que era melhor a desencarnação do que uma sobrevivência das mais agravadas no organismo físico e condições mentais. Mas quis a bondade do Pai, de Jesus, dos mestres e dos espíritos meus irmãos que eu ainda pudesse transpor o terrível obstáculo. O povo que eu tratava com o auxílio do Alto fazia preces, rogava minha cura e mandava rezar missas em todas as igrejas, e os próprios médicos se surpreendiam do interesse de tanta gente rogando por mim. Foi uma graça que jamais poderei pagar ao Senhor, quando criaturas de todos os credos oraram e pediram por mim!

Minha prova foi terrível e mesmo agora sofro pela impossibilidade de atuar como antes, escrever, ler e psicografar. Habituado à incessante mobilidade mental, agora que não posso desempenhar a contento minhas obrigações mediúnicas, conferências, leituras e tratamentos aos meus irmãos, sinto-me abatido pela redução obrigatória de minhas tarefas tradicionais. Mesmo esta carta escrevo aos poucos, sem me esforçar demais mentalmente, assim como datilografando devagar.

Adiante, continua:

MEU ESTADO ATUAL – Como disse, sobrevivi à grave enfermidade que me assaltou de súbito, atingindo-me o cérebro e as coordenações mentais, e cujos diagnósticos médicos foram os mais desencontrados. É certo que eu estava esgotado, pois terminara O *Evangelho à Luz do Cosmo*, enquanto trabalhava dia e noite nos exames de radiestesia, mais de 600 cartas respondidas por mês, além de conferências e reuniões. O golpe foi súbito, pois vi tudo rodar em torno de mim, uma angústia, e caí ao solo com espasmos. Hospitalizado um mês, os médicos se renovavam para me atender e evitar as consequências piores que ameaçavam a todo instante. E os próprios médicos concluíram que eu vivia só devido a alguma proteção incomum.

Atualmente, fiquei com problemas circulatórios cerebrais, não posso me esforçar ou demorar em leituras (a visão enfraqueceu), evito problemas mentais e não posso responder às cartas como anteriormente, mas fazendo descansos e evitando a fadiga imediata. Daí o motivo da minha falta de notícias e cartas sem resposta, que tenho milhares atrasadas. Depois, ocorre-me um enfraquecimento orgânico que me deixa tonto e exausto, assim como preciso evitar que ainda ocorram crises. Preciso manter medicação incessante, que não pode ser olvidada, a fim de manter-me em pé. Tenho sofrido intensamente por essa falta de intercâmbio fraterno, que antes era um prazer espiritual.

E conclui:

Bem, devo terminar, pois esta é a carta mais longa que escrevo desde que saí do hospital. Caro Sebastião, a prova que passei e estou passando eu não poderia fugir dela, pois era um fato cármico e necessário, a fim de que possa ficar mais livre em vidas futuras. Ademais, desgastei demais o organismo, sem descanso. Quando o violino se arruína, o violinista se apaga!...Mas a vida é eterna e, no passado, quantas situações piores não passamos? Apenas rogo ao Senhor dos Mundos coragem e resignação para efetuar meus resgates cármicos sem revoltas, porém com paciência e fé. Nunca me acreditei um missionário, mas apenas um tarefeiro, tão defeituoso como qualquer outro irmão em trabalho. Daí suportar sem revolta contra meus mestres as provas que devo vencer para gozar de melhores dias no futuro espiritual.

Esse depoimento fala por si!

Capítulo 15
Revelações

No mesmo texto de Sebastião Carvalho, citado anteriormente, há algumas revelações interessantes, como a que faz referência a Yvone Pereira, a conhecida médium carioca que psicografou uma coleção de obras de sucesso, editadas pela Federação Espírita Brasileira:

> ...quando de sua viagem ao Rio, em 1969, Hercílio Maes fez apenas um pedido: queria conhecer pessoalmente a médium Yvonne A. Pereira, a quem admirava profundamente pela inteireza do seu trabalho, pelo esperanto e por tudo o que de melhor um ser humano poderia ser, em resgate, como médium. Brincando, rindo feliz, Hercílio perguntou/afirmou a Yvonne que ela teria sido George Sand, escritora famosa e musa inspiradora de Chopin. Yvonne riu, ficou vermelha e, surpresa, negou. Hercílio insistiu e todos acabaram rindo, e nos despedimos felizes do lar daquela trabalhadora do Cristo.

Sobre a obra *O Evangelho à Luz do Cosmo,* que levou anos para sair, aqui cabe um registro histórico: Ramatís sempre psicografou com Hercílio diversos assuntos simultâneos, que ele ia arquivando em escaninhos, em duas longas prateleiras de madeira que ornavam seu escritório, em casa. Quando chegada a hora de reuni-los em livro, Ramatís dava-lhe título e capítulos, cabendo ao médium juntar o material pertinente, segundo os tópicos a serem abordados. Montada a "boneca" do livro, Ramatís

2º Encontro Interestadual de Instituições Pró-Universidades Espirituais, Rio de Janeiro, 31/10/1969. Visita à médium Ivone A. Pereira. A partir da esquerda: dr. Abreu, dr. Cavalcanti Bandeira, srª J. C. Zanarotti, Benoni Batista Braga, profª Andréa B. Costa, dr. Hercílio Maes, Yvone A. Pereira, Aluízio Menezes, dr. Ivo Castilho, srª Hermógenes (Yoga), prof. Hermógenes Andrade, prof. Octávio M. Ulysséa, Almir Ulysséa e Sebastião Carvalho, fotografados pelo também participante José Carlos Zanarotti.

repassava tudo, provocando a arrumação lógica e concatenada do novo projeto.

Entretanto, a primeira versão psicografada de *O Evangelho...* teve que ser refundida em linguagem mais simples, porque Hercílio, o primeiro crítico e destinatário dos ensinamentos, não alcançava exatamente a "alma" do texto, muito acima da média mais elevada das cerebrações encarnadas. Isso levou Ramatís a concluir por uma nova redação, de abordagem filosófica mais ao nível terráqueo atual.

Ora, se o médium, primeiro aluno dos ensinamentos ao pé do mestre carinhoso, não lhe alcançava o inteiro teor da mensagem, como esperar que os demais leitores a entendessem?

Tal era o pensamento cósmico de Ramatís....

Em carta a Érica e Don Ivo Silva, de 9 de março de 1971, ele revelava:

> MONTEIRO LOBATO – O espírito 'J.T.', que prefacia as obras *Semeando e Colhendo, Magia de Redenção* e agora *A Vida Humana e o Espírito Imortal,* é Monteiro Lobato, pois J.T. quer dizer Jeca Tatu.

ENCARNAÇÕES DE RAMATÍS – Após 20 anos de psicografia, sem discutir, posso revelar alguns ângulos e encarnações de Ramatís. 1º – É espírito marciano; 2º – Foi Phanuh, o Peregrino, há 28.000 anos, na Atlântida, e Ben Sabath, mago famoso na Caldeia; depois Shy-Ramath, grão-sacerdote no Egito, mais tarde Pitágoras, na Grécia, Phylon de Alexandria, no tempo de Jesus, Rama-tys na Indochina (atual Vietnã).

Capítulo 16
Trabalho no Astral

Hercílio Maes, como muitos médiuns de bom padrão interior, trabalhava intensamente também no plano astral, durante a noite, juntamente com os amigos espirituais, com Ramatís, com caboclos e pretos velhos (os magos do passado). Um episódio recolhido por Sebastião Carvalho ilustra bem o teor dessas "horas-extras noturnas".

> Lembramo-nos de outro episódio, contado por Hercílio em uma lanchonete de Curitiba. Uma senhora, empregada doméstica da família, teve seu filho único preso e colocado em camisa de força, diante de um ataque de loucura. Já estava no hospício havia 24 horas. Nessas ocasiões de trabalho 'pesado' no Astral, ao lado da equipe que o assistia, Hercílio, pela madrugada, na companhia de Atanagildo,[1] fazia rápida regressão ao passado, metamorfoseando o aspecto do perispírito, assumindo as 'caras de gato', como dizia chistosamente ao referir-se à carantonha das entidades cujo *fácies* conformava sua malignidade. Assim, adentrando as confrarias das Trevas, descobriam as magias negras pactuadas, seus executores etc., exatamente como os agentes secretos infiltrados nas organizações criminosas da superfície. Misturados à turba dos malfeitores do Além, faziam barganhas aceitáveis e desfaziam os trabalhos que prendiam seus protegidos e recomendados.
> Assim, localizando o esquema da perversidade encomenda-

---

[1] Atanagildo, discípulo de Ramatís, era seu velho amigo do passado. Esse espírito ditou a Hercílio Maes as obras *A Vida Além da Sepultura*, *A Sobrevivência do Espírito* e *Semeando e Colhendo* (contos reencarnacionistas).

da, rumaram para o hospício, lá encontrando, ao chegarem, sinistra entidade despejando líquido negro e fétido por um funil, diretamente sobre o chacra que encima o cerebelo, enquanto sua vítima jazia de bruços, presa na camisa de força, indefesa.

Hercílio e Atanagildo chamaram o gigantesco caboclo Benvindo e o caboclo Caboracy e, num piscar de olhos, ali chegava ordeira equipe que foi logo aprisionando os malfeitores e levando-os para prisões temporárias no Astral. Enquanto isso, usando o mesmo balde, agora limpo, o caboclo Benvindo e sua equipe saíram à floresta recolhendo a seiva de mangueiras, eucaliptos e outras ervas medicamentosas, produzindo antídoto esmeraldino e luminoso, que foi também despejado no mesmo local. "Era extraordinário", dizia Hercílio, "ver a química socorrista 'devorar' a dos trevosos, restabelecendo o equilíbrio interno dos diversos corpos sutis do pobre rapaz, penetrando-lhe os interstícios moleculares, exatamente como a água fluidificada". Fora tudo feito em alta velocidade, incalculável para os padrões dos encarnados.

Quarenta e oito horas depois, com o filho já em casa, a feliz mãe foi agradecer ao "dotô Ircílio" a bênção alcançada, deste ouvindo a nova diretriz: "Aconselhe-o seriamente a buscar a evangelização, onde melhor lhe aprouver. Ele é médium comprometido, tem muitos deveres com o amor e o serviço ao próximo. Talvez em algum centro espírita ou de umbanda, perto de sua casa, seja mais apropriado".

Capítulo 17
O universalismo de Hercílio Maes

Diz Hercílio, em prefácio a *Mensagens do Astral*:

> O principal "toque pessoal" que Ramatís desenvolveu em seus discípulos, em virtude de compromisso que assumira para com a Fraternidade do Triângulo, foi o pendor universalista, a vocação fraterna, crística, para com todos os esforços alheios na esfera do espiritualismo. Ele nos adverte sempre que os seus íntimos e verdadeiros admiradores são também incondicionalmente simpáticos a todos os trabalhos das diversas correntes religiosas do mundo. Revelam-se libertos de exclusivismos doutrinários ou de dogmatismos, e devotam-se com entusiasmo a qualquer trabalho de unificação espiritual. O que menos os preocupa são as questões doutrinárias dos homens, porque estão imensamente interessados nos postulados crísticos.

Em consonância, a índole universalista de meu pai foi um fato incontestável. Quando criança, passou pelo catolicismo e foi coroinha auxiliar de missas. Já rapaz, frequentou a igreja metodista. E, segundo o depoimento de Sebastião Carvalho: "Mais tarde, passou pela catapora da rebeldia e ufanava-se de empinar o peito e dizer-se ateu (daqueles ateus que dizem 'graças a Deus'), até que a vida recolocou-o no caminho certo".

Depois de levado ao espiritismo, associou-se às várias correntes filosóficas existentes em Curitiba. Assim, foi maçom, teosofista, rosacruz, trabalhou em seu pequeno grupo, em casa, com as falanges de umbanda...

"Exímio praticante da krya-yoga, de Yogananda, saía do corpo com a maior facilidade, tendo recomendado aos amigos a autobiografia deste,[1] porque identificou-a ligada a Ramatís, pelo programa estabelecido pela Fraternidade da Cruz e do Triângulo", relata Sebastião Carvalho.

E acrescenta:"Em certa fase de sua vida, Ramatís solicitou-lhe que servisse na umbanda por um período, pois ele iria psicografar livros sobre o assunto". E assim foi feito...

Na mesma carta de 1971 a Érica e Don Ivo Silva, Hercílio observa:

> Espiritismo é religião eletiva para as obras de Ramatís, mas também o são o esoterismo, a rosacruz, a teosofia ou a yoga. Os espíritos sectários que veem diferenças perigosas entre Kardec e Ramatís, é porque ainda não puderam abranger a visão panorâmica do Universo que é tão própria de meu guia. São espíritos cuja consciência se formou aqui na Terra – terrícolas ainda primários, embora líderes espiritistas. Em geral, ex-clérigos que mourejam no espiritismo. Não discuto com os que se opõem à obra de Ramatís; eles não podem compreendê-la, nem é para eles, que ainda estão na base do leite. São limitados, com preconceitos e sempre achando que o espiritismo é que irá salvar o mundo, quando antes de Buda o céu já era povoado de santos!

Um adendo interessante sobre o universalismo, que é característico dos espíritos conscientes e, lamentavelmente, que os encarnados sectários olvidam.

Antonio Plínio da Silva Alvim, dirigente e fundador da Sociedade Espírita Ramatís, do Rio de Janeiro, diz a Hercílio em carta datada de 26 de junho de 1974:

> Recentemente fizemos fusão com a Sociedade Espírita Itaguaí, que passou a ser unicamente SER-Itaguaí. (...) Hercílio, no dia em que fazíamos a cerimônia da fusão, pela vidência, vi Bezerra de Menezes (mentor da sociedade de Itaguaí) ao lado de Ramatís, ambos sorridentes e felizes. Ramatís tem os cabelos mais longos, o rosto mais fino, feições delicadas

---
1 *Autobiografia de um Yogue Contemporâneo*, Ed. Summus.

e usa uma esmeralda na testa, segura por uma cinta "metálica" brilhante, da largura de uma polegada mais ou menos. No Espaço estamos todos juntos, na Terra é que seguimos diferentes profetas. Foi, é e será sempre assim.

Capítulo 18
O sectarismo clerical – Advertência de Ismael

Hercílio Maes e Antonio Plínio da Silva Alvim mantiveram amizade e correspondência durante muitos anos.

Em carta ao dirigente da Sociedade Espírita Ramatís, em 23 de março de 1973, ele agradece pela atenção e carinho recebidos durante sua estada no Rio, declarando: "Trouxe daí as mais gratas recordações e afetos, a ponto de me comover até as lágrimas. Os associados da SER conseguiram vibrar o meu espírito de tal modo que, ao decolar do Santos Dumont, invadiu-me a saudade de convivência tão gentil".

A seguir, analisa o viés sectário cultivado por alguns integrantes do movimento espírita, à luz de sua origem "terrícola" e clerical:

> Sem dúvida, Antonio, comprovei que realmente existem duas hierarquias de espíritos na Terra: uma que foi exilada de três ou mais planetas, capaz de sentir e compreender a mensagem universalista de Ramatís, e outra que, desenvolvendo sua consciência exclusivamente no psiquismo global terrícola, ainda não está em condições de suportar conceitos que ultrapassem os limites de sua conscientização primária. Assim, não insistirei mais com aqueles que não aceitam Ramatís. Eles estão certos: a mensagem é demasiadamente além de sua capacidade receptiva intelecto-emotiva.
> Os terrícolas ainda não atingiram aquele estado de espírito em que prevalece a alegria íntima por sentirem-se irmanados com todos os demais religiosos e espiritualistas. São ortodoxos, sectaristas e primários na sua crença; manejam

Hercílio e Antonio Plínio da Silva Alvin.

uma verdade toda própria e arrendada sob compromisso religioso. Cerceiam-se em grupos a parte, hibernam o conhecimento sob fórmulas particulares e preferências pessoais, criticam e ironizam o trabalho alheio que não compreendem e julgam inferior.

Hoje são católicos, amanhã trocam de rótulo e admitem o protestantismo; em seguida, deslumbrados pela luz espiritista ou convertidos pelos favores das curas psíquicas incomuns, colocam a etiqueta espírita na fachada personalista. Mas, caro Antonio, apenas trocaram de etiqueta, pois sendo fanáticos, limitados, irônicos e reverendos no catolicismo, assim se mostram no protestantismo, e, finalmente, no espiritismo. São como as raposas: trocam de pele, mas não mudam de manha...

Antigos clérigos, desde o papado até o irmão leigo dos conventos, adquirem aquela postura secular e conventual de não entregarem o posto *antes de morrer*! Assim, eles grudam-se 20, 30 ou 40 anos na direção de um centro espírita ou federação, com unhas e dentes, jamais cedendo a vez a novos valores idealistas.

Tenho boa memória reencarnatória e também de quando vivia no Além, antes desta existência. E ali me recordo das palavras de Ismael[1] a esses mesmos clérigos que hoje labutam e emperram o espiritismo:[2] "Meus irmãos, além do compro-

---

[1] Ismael é o guia espiritual preposto de Jesus, responsável pela evangelização do Brasil.
[2] É de conhecimento generalizado que grande contingente de espíritos de ex-clérigos, em especial da época da Inquisição, retornou à matéria no Brasil do século XX, dispostos a trabalhar na doutrina espírita para reciclar os velhos erros de ortodoxia, despotismo e intransigência.

misso espiritual de vocês, no tocante a trabalhar pela doutrina codificada como o Espírito Consolador, não se deixem influenciar pelo estigma secular da Igreja, em que se condicionaram há quinze séculos! O movimento espírita, com que vocês irão colaborar, é de libertação de consciências e, acima de tudo, de valores novos e sempre atualizados".

No entanto, Antonio, reencarnam-se e ingressam na seara espírita e ali se estiolam, impedindo qualquer avanço da doutrina à luz do século atômico!... E não satisfeitos com isso, queimam e tentam desintegrar qualquer movimento ou mensagem que ultrapasse o seu entendimento e a sua personalidade exaltada.

Daí, pois, o seu combate sistemático, a sua falta de reconhecimento a mensagens além do sectarismo doentio que estiola a alma. Antes, o slogan era: "Fora da Igreja não há salvação"; agora, apenas leve alteração: "Fora de Kardec, não há salvação!".

Sigamos, caro Antonio, para a frente, nós que ainda estamos tentando estender os braços e fazer tremular a bandeira do espiritismo além da obstinação clericalista-espirítica, com a convicção absoluta e jamais negada de que Allan Kardec é o mais universalista dos homens. Mas os seus continuadores ainda lhe criaram a pecha de fanático, porque enquanto Kardec codificou o espiritismo, os sectaristas fundaram o kardecismo.

Acostumados aos postos de comando na Igreja e manejando a palavra e a pena vigorosamente, acabaram assumindo lideranças no movimento espírita. São facilmente identificáveis pela intransigência com que condenam qualquer pensamento que não se enquadre na ortodoxia que lhes é cara e, ao contrário do que sempre preconizou o espírito lúcido e universalista de Kardec, lutam por engessar a doutrina numa condição estanque. Esse pensamento imobilista e sectário, que sempre caracterizou o círculo de ferro dogmático da instituição clerical, já condenou as obras de André Luis, o trabalho de Edgard Armond e as obras de Ramatís.

Capítulo 19
Edgard Armond

Edgard Armond (1894-1982) foi uma das figuras mais importantes do espiritismo no Brasil. Sua atuação, como presidente da Federação Espírita do Estado de São Paulo (FEESP), depois na Aliança Espírita (hoje com forte presença em São Paulo e outros estados, com quase 300 centros) é um marco progressista da doutrina. Universalista, culto, tarimbado em muitas vivências, deixou extensa bibliografia publicada, além dos clássicos *Os Exilados da Capela* e *Passes e Radiações*. Foi objeto de acirradas contestações por alguns confrades de sólida ortodoxia e pensamento imobilista, à semelhança do ocorrido com o trabalho de Hercílio Maes.

Edgard Armond foi desassombrado defensor das obras de Ramatís, inclusive através do jornal *O Semeador*, órgão da FEESP. Em consequência, Hercílio escreveu ao comandante (como era conhecido) para agradecer-lhe, e a partir daí uma correspondência de anos reavivou uma amizade entre ambos, que já vinha de outras existências.

Na biografia de Edgard Armond, *No Tempo do Comandante*, de autoria de Edelso da Silva Júnior, publicada pela Editora Radhu, um capítulo intitulado "Ramatís" relata esses fatos e transcreve diversas cartas trocadas entre ele e Armond.

Nos textos em que comenta as obras de Ramatís criticadas pela ortodoxia, analisa de forma serena as objeções e desmonta uma por uma com lógica e objetividade, não com rebates emocionais. Eis um trecho de seu comentário à crítica a *O Sublime Peregrino*:

> (...) Agora pergunta-se: há alguma coisa que atente contra a doutrina, nestes ensinamentos? Os espíritas, porventura, são obrigados a usar tapa-olho, ou absorver unicamente conhecimentos tabelados, restritos, carimbados por alguma autoridade de censura doutrinária discricionária?
> Por não serem conhecimentos oficiais da Codificação, isso nada importa; primeiro porque é conhecimento de outra religião e apenas citado, segundo porque a autoridade máxima para o espiritismo é a Codificação, e o grande missionário que a organizou recomendou claramente que os espíritas não se deixassem estratificar no que ali consta, porque a doutrina é evolucionista e incorporará qualquer conhecimento novo que surja depois, desde que verdadeiro e útil.[1]

Nessa mesma obra de Edelso, encontramos na transcrição da carta de 1º de setembro de 1956, de Hercílio a Armond:

> ...Ramatís de há muito tempo o incluiu no rol de suas amizades, que estão sendo cultuadas desde a Atlântida e cuja missão completar-se-á no ano 2300, quando ele reencarnará no Brasil, para reunir todos os discípulos e tentar o reencarne coletivo em Marte.

Em outra carta, de 18 de março de 1965, Hercílio acrescenta:

> Ramatís... é o mentor milenar que me acompanha e a milhares de outros exilados. Depois de mais duas reencarnações no Brasil, então o Senhor permitir-me-á voltar para o mundo de onde fui exilado e cuja vida vibra na minha retina espiritual e alimenta meus sonhos inatingíveis.

Outra informação de Ramatís a Hercílio Maes (p. 389 da biografia de Edelso):

> O irmão Armond e o Godoy são da velha Atlântida; mais tarde foram terapeutas, sacerdotes hermetistas no velho

---

[1] *No Tempo do Comandante*, Edelso da Silva Júnior, p. 374, Ed. Radhu, São Paulo, 2010.

> Egito (...) Ambos são filiados à antiga Fraternidade do Triângulo e já receberam a insígnia da ordem da "Estrela Azul", que desde os atlantes diploma os que exerceram tarefas de reforma coletiva no plano físico.

Companheiros da Fraternidade da Cruz e do Triângulo, do Espaço, colegas de sacerdócio, companheiros de exílio planetário... Era natural que Armond, por duas vezes, salvasse a vida de Hercílio, às margens do Nilo, intentasse fazer o mesmo, sem sucesso, na Espanha, e empenhasse seu prestígio pessoal e posição na defesa das obras do mestre inesquecível.

Capítulo 20
Recordações de Hercílio Maes

Sebastião Carvalho[1]

Por volta de 1965, li os primeiros livros de Ramatís e me tornei imediatamente vegetariano, embora nem soubesse o que significava isso... Foi amor à primeira vista! Tinha "certeza" de que conhecia todo aquele novo universo espiritual, sem nunca ter lido nada. Aí, foi acabar um livro e comprar outro, num crescendo de admiração pela obra e também pelo seu tarefeiro-mor, Hercílio Maes, que vim a conhecer em seguida.

Meses depois, conheci Aluizio Menezes de Araújo. Então, o caminho estava aberto, porque o Aluizio fazia parte da Fraternidade Espírita Ramatís do Rio e mantinha correspondência com Hercílio. Aquele generoso irmão iniciou-me nos primeiros passos na doutrina espírita. Após algum tempo, convidou-me a frequentar a Fraternidade Espírita Ramatís, no bairro de Botafogo.

Em certa ocasião, fomos convidados a participar de um encontro cultural, em Curitiba, que deveria desembocar numa universidade (1º Encontro Interestadual de Instituições Espíritas e Espiritualistas, em agosto de 1969).

Aluizio levou-me com ele a Curitiba. Lá encontramos Her-

---
[1] Sebastião Carvalho, ora com 78 anos, é um ramatisiano antigo e fiel amigo de Hercílio Maes. Trabalhou na Fraternidade Espírita Ramatís, e editou por longos anos a revista Universalista Cristã. Até 2007, quando dispunha de visão, trabalhou na Sociedade Espírita Ramatís do Rio de Janeiro.
Além deste texto, Sebastião Carvalho prestou diversas outras informações sobre Hercílio Maes, que constam de títulos anteriores desta obra, conforme o respectivo tema.

cílio Maes, com quem passamos horas agradabilíssimas: tiramos fotos com o professor José Hermógenes, Carlos Torres Pastorino, entre outros. Hercílo levou-nos a seu aposento de trabalho e explicou a mim e ao Aluizio toda a sua metodologia de trabalho com a radiestesia e a homeopatia, bem como detalhes sobre o conjunto da obra de Ramatís.

Esse assunto ele viria a abordar em uma viagem ao Rio de Janeiro, em conferência que fez no Instituto de Cultura Espírita do Brasil, sob a presidência do querido irmão Deolindo Amorim. Ali explicou os detalhes de atuação da Fraternidade da Cruz e do Triângulo, que é presidida por Ramatís: a atuação de Emmanuel, responsável pelo espiritismo no Brasil por meio de Francisco Cândido Xavier, seria a partir do centro (espiritismo) para a periferia (espiritualismo), ao passo que Ramatís atuaria da periferia (espiritualismo) para o centro (espiritismo). Entretanto, enquanto Emmanuel teria todas as facilidades junto ao movimento espírita organizado, Ramatís teria de valer-se da rede de comercialização convencional do livro. Iria disputar com os demais autores o espaço nas vitrines comerciais e na preferência do leitor, sem qualquer facilidade visível, devendo o médium fazer com que os lucros das vendas revertessem totalmente em favor da divulgação e manutenção da obra. Só deveria retirar eventuais valores, em livros, para doações e futuras despesas de viagem, quando saísse de Curitiba para atender convites, sem onerar os irmãos que o convidassem – como, aliás, fez quando de sua viagem ao Rio, em 1969, tendo doado dez coleções de livros à Fraternidade Espírita Ramatís, para que fizesse face às despesas de passagens, convites, e um donativo ao Abrigo Tereza de Jesus.

Hercílio Maes era um homem simples e humilde de espírito, dotado de excelente bom humor, muito resistente fisicamente. Tinha uma paciência infinita conosco e respondia a qualquer pergunta, sem escamotear nada. Aluizio e eu o tratávamos com a mesma consideração e respeito, sem o vislumbre de qualquer "tietagem". Após tantos anos decorridos, tenho convicção de que ele nos tratava como a seus iguais.

Contou-me Hercílio que tinha excesso de fluídos, por isso vivia praticando esportes.

Nutria um profundo amor pela família e me disse que dava

alguns trocados ao jovem Mauro para datilografar mensagens de Ramatís, a fim de inteirá-lo nos assuntos espirituais. Disse também que uma de suas filhas (Yara) tinha sido uma cabocla protetora dele, no mundo espiritual, e que encarnou só para fazer parte de seu ciclo de defesa. Quanto à dona Lola, seu encontro com ela foi de amor à primeira vista e foi a única mulher de sua vida, repleta de amor, trabalho e estudo.

Em certa ocasião, Hercílio levou a mim e Aluizio à sede da Rosacruz, em Curitiba, onde pudemos ver o grande apreço com que ele era tido. Aliás, disse-me que pertenceu a todos os movimentos iniciáticos existentes no Brasil. Em certa fase de sua vida, Ramatís solicitou-lhe que servisse na seara umbandista por um período, pois ele iria psicografar livros sobre este assunto; e que o espírito Atanagildo reencarnaria para fazer parte da codificação da umbanda.

Em 1969, na ocasião em que Hercílio esteve conosco no Rio de Janeiro, além da visita a Yvone Pereira, com a ajuda de Lilian Ribeiro, da TULEF, e de um dirigente do Templo Tupyara, conseguimos organizar uma tarde de autógrafos para ele, lá naquela casa onde cabiam 10.000 pessoas sentadas. Foi um sucesso, e Hercílio saiu rindo, feliz.

A mais completa descrição da mediunidade de Hercílio Maes consta da obra *Mediunismo*, em que Ramatís aprofunda sua análise sobre o médium que treinou durante séculos. Nos demais livros, acrescentava, nas notas de rodapé, *flashes* de sua faina diária, com o propósito de melhor esclarecer o leitor. O que Hercílio houve por bem divulgar ali está, podendo o leitor atento extrair as ilações pertinentes.

Um fato, entretanto, podemos considerar: Hercílio Maes foi um médium diferente, tendo canalizado notáveis, duradouras e revolucionárias mensagens. Os maiores críticos de Ramatís pouparam seu médium, reconhecendo-o homem simples e bem-intencionado. Certo crítico, que se julgava a reencarnação de Saulo de Tarso, chegou a dizer que deveríamos considerar o movimento espírita *antes* e *depois* de Ramatís.

Poucos meses antes da desencarnação de Hercílio Maes, consegui visitá-lo em Curitiba, no apartamento do mesmo edifício onde morava seu querido filho Mauro.

Ao terminar aquela última visita, ele levantou-se e levou-me ao elevador, onde me abraçou, deu-me um beijo na testa e segredou-me uma mensagem que não posso revelar. A família dele estava toda junta na sala, admiradíssima pela ligeireza e repentina "recuperação" de Hercílio.

As obras de Ramatís

A obra de Ramatís é complementar à codificação feita por Allan Kardec. Informa-me hoje o irmão Sérgio Carvalho, da Editora do Conhecimento, que as obras de Ramatís vendem muitíssimo bem, confirmando a sua exatidão.

No livro *A vida no Planeta Marte e os Discos Voadores*, Ramatís antecipou um detalhe, à época impensável: quando os marcianos se aproximam das portas de uma residência, elas se abrem e depois se fecham automaticamente. Este dispositivo é coisa comum na Terra atualmente. É um dos detalhes....

Quanto ao livro *Mensagens do Astral*, o derretimento das calotas polares, a verticalização do eixo imaginário da Terra já são realidades. Os acontecimentos telúricos e atmosféricos de nossos dias estão aí na mídia, para constatação diária.

Toda a imprensa espírita omite as obras de Ramatís. Na Sociedade Espírita Ramatís, onde trabalhei enquanto dispondo da visão, fui muito feliz em ver a casa sempre cheia. Ali eu vi alguns espíritas de outras casas se tratarem discretamente.

O livro *Fisiologia da Alma* é pioneiro na doutrinação sistemática a favor do vegetarianismo e no combate do carnivorismo. Atualmente não se vê mais na imprensa espírita os velhos convites aos espíritas para "churrascos fraternos".

Uma edição especial da revista *Planeta*, intitulada "Os Mestres do Espírito", entre as biografias selecionadas incluiu a de Hercílio Maes, assim referida:

> Hercílio Maes, espiritualista e médium psicográfico brasileiro, desde muito jovem manteve contatos com o mundo espiritual. Receptor mediúnico das mensagens do mentor Ramatís, as quais registrou em numerosos livros, um dos fundadores da LBV, instituição de ajuda ao próximo, suas

obras são traduzidas por Manuel Valverde, de Buenos Aires, do Grupo de Trabalho Ramatís, e publicadas regularmente pela Editorial Kier.

Capítulo 21
Lembranças de Hercílio

José Carlos Zanarotti[1]

Conheci Hercílio Maes da seguinte forma: eu frequentava, na época, um grupo de materializações em São Paulo, e tinha lido o livro *Fisiologia da Alma*. Eu estava doente, buscando a espiritualidade, e fiquei muito interessado em conhecer aquele médium. Tive contato, então, com Aluísio Menezes de Araújo e Sebastião Carvalho, do Grupo Ramatís do Rio de Janeiro. O primeiro encontro com Hercílio deu-se num seminário que ele fez na capital carioca.

Hercílio era uma pessoa muito espiritualizada. Era também muito espirituoso; em toda palestra contava piadas, mas sempre com um enfoque espiritual, sempre numa perspectiva doutrinária.

Ele prezava muito a família. Tive a oportunidade, depois, de ir a Curitiba várias vezes e conviver com seus familiares. A esposa dele, dona Lola, era uma pessoa boníssima; recebia todo mundo; a casa deles era quase uma pensão.

Hercílio sempre nos incentivava. Sabíamos dos problemas dele, como os financeiros, mas nunca deixava transparecer para nós que estava em dificuldade. Sempre foi um amigão...

Trabalhava o dia inteiro e à noite ficava na máquina de

[1] José Carlos Zanarotti fundou e dirige a Fraternidade Ramatís de São Paulo, na capital; é radiestesista e conhecedor da homeopatia, com as quais receita. Frequentava a casa de Hercílio Maes, e dona Lola disse certa vez que era tão parecido fisicamente com ele que poderiam ser irmãos.

escrever (naquele tempo não existia computador) a psicografar vários livros ao mesmo tempo. Um grande colaborador na revisão das obras foi dr. Brenno, um médico psiquiatra.

Hercílio trabalhava em sua atividade normal e também na homeopatia. Utilizava a radiestesia em seu atendimento aos pobres. Quando eu o vi trabalhando com isso, a maneira como selecionava os remédios, fiquei apaixonado. Então fui estudar a radiestesia. Ele foi o meu "guru".

Hercílio utilizava os policréssios, remédios mais usados na homeopatia, que são vinte e quatro. Ele os selecionava através do pêndulo. Às vezes, dava uma alta dinamização, ou também um drenante. E sempre fazia, também, uma orientação alimentar.

Ele não media esforços para atender as pessoas. Recebia cartas do mundo todo. Pedia um testemunho – uma fotografia ou um cabelo – e dali fazia a análise. O que me chamava mais a atenção era o carinho que dispensava aos seus pacientes.

Muitas vezes, dava o dinheiro que não tinha para a pessoa comprar os remédios na farmácia (ele não lidava com remédios). No escritório dele formavam-se filas e filas para o atendimento.

O que Hercílio me ensinou foi esse espírito de fraternidade para com o próximo, porque é uma responsabilidade muito grande quando se vai trabalhar com as mazelas de nossos semelhantes.

Ele tinha colaboradores, o Grupo Ramatís, do qual participavam o Ulisséa e outros companheiros. O coronel Ulisséa foi o braço direito dele nesses primórdios; foi ele quem acabou fundando a Universidade Espírita do Paraná.

Essa estrutura que Hercílio me transmitiu, nós implantamos em São Paulo, utilizando a radiestesia e as medicinas alternativas. Ele foi o meu modelo.

Na ocasião, eu frequentava um grupo, em São Paulo, e Hercílio me aconselhou a dotá-lo de uma personalidade jurídica. Como era um grupo familiar e o casal responsável não concordou com isso, então criamos o Grupo Ramatís, aos moldes do que existia no Rio de Janeiro.

Nessa época, a instituição do Antonio Plínio já existia, mas vim a conhecê-lo muito depois.

Posso afirmar, então, que a conhecida Fraternidade Ramatís de São Paulo foi inspirada por Hercílio. Por diversas oportunidades, em contato com ele, fui incentivado a adentrar no estudo da homeopatia, sempre "plugado" na espiritualidade.

Uma das mais importantes orientações que Hercílio me deu foi não me digladiar com os opositores, porque eles têm o sagrado direito de divergir. Quando uma mensagem é nova – o mesmo aconteceu no tempo de Kardec – é normal que tenha oposição. A característica de Ramatís é exatamente compreender aqueles que não concordam conosco. Hercílio vivenciava e nos passava isto: o respeito àqueles que divergem de nós. Com essa característica universalista é que fundamos a Fraternidade Ramatís.

A mediunidade intuitiva conduz o médium ao aprimoramento intelectual, cobrando o conhecimento. Foi isso o que aconteceu com Hercílio, que não tinha mediunidade mecânica, como ocorria, por exemplo, com Chico Xavier. Por isso, o médium deve estudar muito, pesquisar muito.

Na minha vida, os ensinamentos de Ramatís representaram praticamente a minha sobrevivência. Eu tive um câncer, e fiz da obra *Fisiologia da Alma* minha tábua de salvação.

Capítulo 22
Mais um feliz reencontro

Mariléa de Castro

Por volta dos 16 anos, quando eu devorava literatura espírita e espiritualista, numa das garimpagens na biblioteca de meu pai, me deparei com o livro *Mensagens do Astral*.[1] Foi um deslumbramento.

Aquela voz rasgava horizontes cósmicos... era amplitude, profundeza inédita... e tão intensamente "familiar", algo que preenchia exatamente a alma, como nada antes.

Não precisei de mais nada. A partir dali, foi a leitura encantada de uma obra atrás da outra. Meu pai acompanhava.

A segunda foi *Fisiologia da Alma*. Quando terminei o capítulo "A Alimentação Carnívora e o Vegetarianismo", fechei o livro e pensei: "Meu último pedaço de carne foi ontem. Nunca mais!". E nunca mais, faz cinquenta anos. O engraçado é que, sem que nos tivéssemos falado, a reação de meu pai foi também imediata, e de repente dois vegetarianos definitivos subvertiam a culinária doméstica.

---

[1] Havia uma dedicatória de Hercílio Maes a ele, Hélio de Castro, na ocasião presidente da Federação Espírita do Rio Grande do Sul. Hercílio não imaginaria que esse livro fosse ser a ponte para resgatar, inicialmente dois velhos seguidores do mestre, e depois resultar em tantos desdobramentos. Nosso atual Grupo de Estudos Ramatís de Porto Alegre, o anterior Centro Universalista Karnac, uma pequena editora, um restaurante vegetariano, inúmeros projetos, publicações (um livro, *Haiawatha*, treze mil livretos – *Paz e Amor, Bicho* e *Era uma vez um espírita,* sobre vegetarianismo, percorrendo o Brasil)...tudo começou pela porta daquele abençoado volume com a simbólica assinatura do velho companheiro.

A partir de então, ramatisiana integral, sua mensagem tornou-se caminho eletivo de minha alma para sempre.

As obras de Hercílio Maes eram apreciadíssimas aqui no extremo Sul. Naquela época, ainda não se desencadeara a onda de ortodoxia que alastrou-se posteriormente nas instituições espíritas "oficiais", liderada por um grupo de ex-clérigos da época inquisitorial, reencarnados.

Naqueles anos felizes, anteriores à censura e ao índex de livros proibidos, os líderes espíritas eram ecléticos, cultivavam a leitura, as pesquisas universalistas; eram maçons, rosacruzes, teosofistas, conhecedores de orientalismo, muitos eram filiados ao Círculo Esotérico da Comunhão do Pensamento; tudo isso fazia deles espíritas melhores. Tinham amplitude de pensamento e sabiam valorizar, como o velho mestre Allan Kardec, que fora oriental, druída e yogue, a velha sabedoria do Oriente que o espiritismo só fez ressuscitar. Na época, o termo "oriental" ainda não tinha se transformado em xingamento e sentença de morte, e "esoterismo" era fonte de aprofundamento espiritual, e não algo semidiabólico a jogar na fogueira antes que contaminasse o rebanho de "fiéis" com ideias subversivas.

E nós, alheios a esses ventos ortodoxos que iriam enregelar o pensamento espírita, líamos Ramatís, estudávamos Ramatís, amávamos Ramatís.

Daí ao sonho de conhecer Hercílio Maes, não demorou nada. Por essa época, já começara a trabalhar na Legião Espírita de Porto Alegre, liderada por Portela Fagundes, médico e amigo de Hercílio, um discípulo antigo de Ramatís.

Um belo dia, criei coragem e, munida de um endereço, me toquei para Curitiba. A casa da família Maes ficava no bairro das Mercês. Para lá me fui, muito sem jeito.

Lembro-me de que era um sobrado e, não sei por que, acabei entrando pela porta dos fundos. Recebeu-me o próprio médium de Ramatís. Minha timidez era grande, mas algo mais forte que ela me impelia. Sentamos ali e engrenamos uma conversa. Hercílio era atencioso e simpático com todos, e eu, evidentemente, bebia suas palavras. A certa altura, dona Lola passou por ali, me cumprimentou sorridente e deixou-nos continuar à vontade. Devia ser mais do que habituada aos visitantes que despencavam ali em busca do grande sensitivo. Mais tarde, Hercílio me contou que quando eu saí, ela comentou com ele: "Engraçado, me pareceu que conheço essa moça de algum lugar"... E ele, rindo, completou: "Claro que conhece!". Mas não me deu detalhes, nem eu ousaria perguntar. Ficou, porém, implícito nessa resposta dele o que muito me alegrou: era de longe e grande a nossa amizade.

Depois de muita conversa sobre as obras e seu trabalho, Hercílio me convidou para ir, no dia seguinte, com ele e dona Lola, comer uma pizza no centro de Curitiba, próximo ao local onde eu estava hospedada. Claro que a essa altura eu já tinha contado por que me tornara vegetariana.

Durante o jantar, espontâneos e cativantes, compartilharam muitas informações sobre eles, as obras, sua repercussão, e as incompreensões e ataques de alguns espíritas. Isso me pareceu a coisa mais absurda, incompreensível.

Lembro de Hercílio ter comentado comigo que tinha muita insônia. Hoje entendo perfeitamente a razão (a transmissão de pensamentos de elevada frequência faz o corpo mental e o cérebro funcionarem num dinamismo inconciliável com o sono).

A certa altura, comentei uma nota dele, numa das obras, falando que costumava levar diariamente algum presentinho ou guloseima para os filhos, e ele me contou que certo dia, dentro do ônibus e quase chegando em casa, lembrou-se de que esquecera de trazer algo que tinha prometido. Então, não teve dúvidas: desceu, tomou outro ônibus de volta para o centro, e lá se foi buscar o prometido... e não era muito perto o bairro das Mercês... Mas para um pai leonino, isso não importava.

Outro relato de Hercílio, não lembro se nessa ou em outra ocasião, foi sobre um acidente que sofrera com seu fusca. O plano espiritual o avisara de que estava sob perseguição do Astral inferior, desgostoso com a psicografia da obra *Magia de Redenção* (sem falar nas outras). Em determinado dia, um caminhão desgovernado se lançou frontalmente sobre o carrinho em que ele se encontrava, felizmente sozinho. Hercílio falou que, de repente e sem saber como, se viu em pé fora do fusca, o qual ficou com a frente totalmente amassada... Contaram-lhe depois que ele tinha sido desmaterializado e rematerializado, para salvar-lhe a vida, que não devia terminar ali. Ele me contou isso discretamente, com a maior naturalidade, só para ilustrar os percalços que essa obra fantástica sofreu até ir ao prelo.

Nosso primeiro encontro se deu, segundo atesta a dedicatória afetuosa num exemplar de *A Vida Humana e o Espírito Imortal*, em oito de dezembro de 1972. Durante a conversa, pedi a Hercílio que, se possível, gravasse uma palestra-mensagem para ser ouvida pelos companheiros da Legião Espírita. Ele fez isso posteriormente, e enviou-me uma fita cassete, cuidadosamente acondicionada numa caixa de sabonetes Mênfis (coincidência?), com uma palestra sobre o Fim dos Tempos.

Em sequência a esse memorável encontro, iniciei uma correspondência com Hercílio, não muito frequente, por ser ele extremamente ocupado e responder a centenas de cartas por mês. Mas nunca deixou uma carta minha sem resposta.

Outra lembrança preciosa que guardo de Hercílio é um exemplar de *O Evangelho à Luz do Cosmo*, que me remeteu certa vez com outra carinhosa dedicatória.

A visita a Porto Alegre

Algum tempo mais tarde, um ramatisiano de coração, Nei Pinheiro, advogado, que mensalmente conseguia inserir na revista da Federação Espírita do Rio Grande do Sul (FERGS) uma coluna extraída dos livros de Ramatís, articulou a vinda do médium a Porto Alegre, para fazer algumas palestras. Foi uma alegria! Então, tratamos de reivindicar que ele falasse na Legião.

E assim aconteceu... Logo no dia da chegada, sexta-feira à noite, Hercílio fez sua primeira palestra na Legião Espírita, reencontrando o amigo milenar, dr. Portela, e encantando a todos com sua simpatia e conhecimento temperado de bom-humor.

No outro dia, fez uma palestra na Sociedade Espírita Paz e Amor. Lembro que, lotação esgotada no amplo auditório, foi preciso encaminhar o restante do público para uma sala no andar superior, onde puderam ouvir a palestra toda por meio de alto-falantes.

Mas Hercílio, que falou sobre o perispírito, os chacras etc, trouxera, para ilustrar melhor o tema, figuras preparadas por ele, coloridas, muito didáticas. Ao término da longa exposição, que todos adoraram porque pontuava os esclarecimentos com historinhas alegres e divertidas, a fim de tornar mais leve o tema, ele ficou sabendo do pessoal do andar de cima, que só tivera o "áudio", sem o "visual". E não teve dúvidas: pediu que os fizessem descer e repetiu a palestra toda, com as imagens, para não deixá-los em defasagem. E ainda respondeu a todas as perguntas que lhe fizeram.

Assim era ele.

E finalmente, no domingo, Hercílio lotou o auditório do Hospital Espírita de Porto Alegre, fazendo novamente o maior sucesso. Depois, participamos de um almoço no próprio hospital, em que ele era o convidado especial.

Dia seguinte, o levamos ao aeroporto. Viera com ele dr. Brenno Trautwein, um alemão alto e de poucas palavras que costumava revisar-lhe as obras. Após tantas décadas, ainda me lembro perfeitamente da figura de Hercílio no saguão do aeroporto, e do abraço que lhe dei à despedida.

A libertação cármica

Após 45 anos de dedicado mandato mediúnico, Hercílio Maes encerrou sua trajetória terrestre com a opção de *queimar o carma*, ou melhor, libertar-se rapidamente de débitos ancestrais, conforme se comprometera com Ramatís.

Essa opção não é raridade. Um bom contingente de espíritos esclarecidos e corajosos escolheu, neste momento decisivo do planeta, esgotar de uma só vez as "contas pendentes" com sua contabilidade cármica, a fim de estarem mais adequados ao padrão vibratório do Terceiro Milênio. Com os discípulos de Ramatís não poderia ser diferente.

Aos 65 anos, Hercílio, em consonância com a programação cármica estabelecida antes de reencarnar, sofreu um AVC e dois derrames e, durante os quinze anos seguintes, viveu estoicamente as consequências dessas doenças, amparado pela família amorosa que soubera criar.

Alguns espiritualistas ou espíritas *ma non troppo* espantam-se às vezes ao verem espíritos de alto quilate moral sofrerem difíceis enfermidades,[2] como se os considerassem totalmente isentos de carma ("espíritos puros" ou mestres), ou pior, relutantes em libertarem-se dele. A diferença entre esses espíritos amadurecidos e os imaturos é sempre o estoicismo, a serenidade com que atravessam as provas, profundamente conscientes de sua escolha pré-reencarnatória.

Quando soube da enfermidade de Hercílio Maes, tratei de ir visitá-lo em Curitiba. Lembro-me com clareza dele, lúcido ainda, porém enfraquecido, na casa do bairro das Mercês. Queria fazer alguma coisa, daria tudo para auxiliá-lo de alguma forma. Tive a secreta intenção de me oferecer para fazer uma energização psicofísica (sei lá que outro nome se daria; eu não lhe dava nenhum), aos moldes do que fazia à época – herança do dr. Portela – em nosso centro. Mas não ousei. Acho que ele captou minha intenção, quando mencionei o processo como quem não quer nada... Seus olhos brilharam... e eu, timidamente, não me senti com coragem de "tratar Hercílio Maes". Que burrice! Hoje ele me terá desculpado.

❄ ❄ ❄

Hercílio Maes era uma mente enciclopédica. Dominava três universos culturais distintos: a medicina (formação básica mais a prática radiestésico-homeopática), o direito e a contabilidade. Tinha extenso leque de conhecimentos espiritualistas, excursionou pela rosacruz, teosofia, maçonaria e filosofias orientais, além do espiritismo e da umbanda. Amava a música erudita e a conhecia extensamente. Era atualisadíssimo com os avanços científicos – sobretudo os de física atômica –, e sua biblioteca eclética era enorme.

Tudo isso era imprescindível para dar forma ao pensamento de Ramatís. E graças à sua bagagem atual e pretérita, o conseguiu.

---

2 Veja-se Chico Xavier, que padeceu meia vida de uma dolorosa catarata inoperável, uma angina massacrante, operou a próstata etc. Velhos carmas corajosamente "descidos da prateleira". E as pessoas ainda inquiriam porque Emmanuel e o dr. Bezerra não o curavam. Como se o amor dos mentores pelo seu médium fosse impedi-lo de limpar a sua ficha cármica. A multidão quer ídolos, santos, não tarefeiros honrados. Não apreende o significado magnífico do processo de limpeza cármica na construção do "anjo interno".

Os poderes psíquicos, nele, eram mais do que "mediunidade de prova". Eram aquisições antigas, de árduas disciplinas iniciáticas. Além da mediunidade psicográfica intuitiva (a mais difícil e depurada), da vidência e da audiência, possuía a faculdade de leitura do passado, que permite identificar vidas anteriores das criaturas.

Por muito menos, médiuns se atolam na vaidade. Hercílio exercitava essas faculdades sem ostentação, e falava com naturalidade sobre quantas vidas pretéritas de amigos conhecesse.

E com tudo isso – como só espíritos amadurecidos, depurados das ilusões do mundo de *maya*, sabem ser –, tinha como característica uma simplicidade espiritual a toda prova. Humilde de espírito, não ostentava erudição nem poderes psíquicos; não posava de missionário por ser o médium de quem era.

Ao escrever, era brilhante: refletia o pensamento cósmico de Ramatís com profundidade, seguia-lhe os meandros lógicos (como bom ex-filho da Grécia) com fidelidade, entreabria janelas para variados ângulos do conhecimento. Ao palestrar, porém, nada de retórica pomposa, nem brilhos egóicos tão comuns nas tribunas. Dialogava sem afetação, entremeava as palestras de um humor sadio e preocupava-se sobretudo com que o conhecimento fosse assimilado.

Era despojado como um yogue do asfalto. Consciente da transitoriedade. Sua figura tranquila, em trajes de quem tem mais o que fazer do que se preocupar com o figurino, dirigindo eternamente um velho fusca, enxuto de vaidade e firulas doutrinárias de autopromoção, era o protótipo do "viver no mundo, mas sem ser do mundo".

Bem-humorado, sim... tinha a chama brilhante e otimista dos signos de fogo, mas ao mesmo tempo – o que se refletia fácil no olhar penetrante – profundamente sério na interioridade espiritual. Com o olhar concentrado, suspenso na ponta daquele fio onde o pêndulo lhe contava verdades ocultas dos enfermos, desaparecia a sua figura curitibana de camisa esporte; era novamente o iniciado do Antigo Egito, o sacerdote-médico que operava os instrumentos ancestrais e as leis eternas em benefício dos sofredores. É o que me diz a seriedade de seu olhar.

Suas estrelas

Ninguém como um bom leonino sabe irradiar, como seu astro regente, o Sol, a alegria, o calor e o bem-estar em torno de si. Pura generosidade. Os signos de fogo são otimistas, invariavelmente bem-humorados e fãs de comentários divertidos que despertem nos outros a alegria. Os leoninos têm algo da luz solar; são os iluminadores da humanidade; têm o dom de dissipar obscuridades; higienizam os deprimidos; curam e alimentam.

Os leoninos também sabem estimular os dons e as potencialidades ocultos das pessoas, como a luz do Sol faz com as sementes; são grandes incentivadores do crescimento alheio. Possuem uma elegância inata, natural. O Sol rege o coração, e um leonino vive para e por esse órgão vibrante de sentimento nobre e generoso. Proteger e amparar os mais fracos, adorar a prole e viver com elevação: tudo isso faz parte do arsenal do leonino evoluído. Parece uma descrição sob medida de Hercílio Maes, um leonino explícito.

Nunca se soube de seu signo ascendente. Arrisco, com certa certeza, que teria sido Virgem. O ascendente é o molde de nossa forma de agir. Um modesto virginiano ascendente – paciente, detalhista e pesquisador – devia habitar nele e canalizar seu brilho leonino sem ofuscar. Virgem é o signo da saúde, dos curadores, e também, por força de seu regente Mercúrio, tem um pé no comércio, nas letras e na advocacia. Virgem combina a paciência, a precisão e o detalhismo que estofam um contador. Também gosta de plantas, de mexer com a terra e de pequenos animais. Até o perfeccionismo é o dom virginiano. Se tudo isso Hercílio expressou, é porque vibrava essa energia. Não fosse

Simplesmente Hercílio

um afilhado de Mercúrio, de alguma sorte, não teria o dom de dominar as palavras. A conferir, um dia, nos registros astrais.
Antigo iniciado, ele sabia bem do alcance da astrologia, a ciência sagrada. E Ramatís pôde transmitir por ele alguns relances desse conhecimento cósmico e sagrado, que as almas ainda rasas não alcançam.

No Velho Egito

Doutor Portela contou que estiveram, ele e Hercílio, num encontro universalista em Florianópolis, e que ali escutara uma pessoa, em conversa com Hercílio, comentar de seu pavor de alturas, não podendo aproximar-se de uma janela aberta. Hercílio então, sem titubear, desvelou a origem e as razões do trauma, relatando como a pessoa tinha sido arremessada através de uma janela, em vida anterior. Houve um alívio perceptível do defenestrado.

Doutor Portela relatou também, nos seguintes termos, um episódio marcante de vida passada dele e de Hercílio, que este lhe tinha recordado na ocasião: "Em determinada existência no Velho Egito, Hercílio e eu éramos ambos sacerdotes. Aconteceu que ele, Hercílio, andou fazendo uns contrabandos com os hititas, o que era terminantemente proibido e passível de pena de morte. Foi descoberto e condenado a ser enterrado vivo (pena comum à época). Eu então declarei que, se isso fosse feito com meu amigo, desejava acompanhá-lo. Porém, o sumo-sacerdote, que era Ramatís, interveio e pediu clemência ao fa-

raó. Este então comutou a pena de morte em exílio".

Com muita emoção encontro agora, na obra *No Tempo do Comandante*, a biografia de Edgar Armond, que foi grande defensor das obras de Ramatís e, por consequência,

tornou-se amigo e missivista de Hercílio, no capítulo intitulado exatamente "Ramatís", a reprodução de cartas de Hercílio a Armond, e numa delas, uma confirmação perfeita desse episódio ancestral. Veja-se:

Em carta de 7 de setembro de 1957:

> Comandante Edgard Armond
> Prezado confrade:
>
> (...) Não o conheço pessoalmente, mas conheci seu espírito no Egito, no tempo da invasão dos hititas, quando, num elevadíssimo cargo, tinha de decidir entre minha vida e morte; contrariou regras tradicionais e libertou-me, permitindo que me exilasse para lugares seguros. E a entidade que interveio, conseguindo o feliz desiderato, é a mesma que na Indochina veio a chamar-se Ramatís.

E noutra, datada de 7 de maio de 1970:

> Passando pelas mãos a sua carta de 3 de janeiro, reativou-me a saudade de tempos idos...(...) do Egito, quando o caro amigo, assessorado pelo sacerdote Shy-Ramath, dirigia o povo egípcio na função faraônica. (...) devo-lhe o favor de ter sido banido e não enterrado vivo, como era de praxe, pois andei fazendo uns contrabandozinhos ali pela fronteira.

No mesmo trecho dessa carta, Hercílio acrescenta lembrança daquela encarnação na Espanha, já referida por Sebastião Carvalho, em que também reencontrou Edgard Armond, que tentou, sem êxito, salvá-lo novamente:

... Fui encontrá-lo séculos depois, em Barcelona, um monsenhor pra frente, que tentou salvar-me da fogueira inquisitorial, sentindo em mim a alma amiga.

Por feliz coincidência, Mauro Maes encontrou uma fotografia de Hercílio, feita justamente por ocasião desse evento em Florianópolis, e ao lado dele, confirmando a velha lembrança, senta-se dr. Portela Fagundes. O Velho Egito retornando...

E também do Antigo Egito, Hercílio resgatou um outro talento radiestésico que se fez discípulo seu. A professora Jizela Luiz Ferreira e seu esposo, militar da aeronáutica, ao residirem em Curitiba tornaram-se amigos de Hercílio, que a eles fez uma dedicatória fraterna na obra *A Vida Humana e o Espírito Imortal*. Em Jizela, identificou uma

Confraternização espiritualista em Florianópolis. O primeiro à esquerda é Hercílio Maes, o segundo o dr. A. Portela Fagundes.

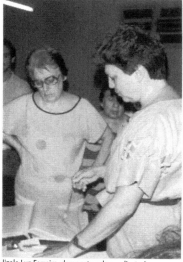

Jizela Luz Ferreira, demonstrando a radiestesia.

radiestesista nata e orientou-a para que exercitasse esse dom no receituário homeopático, como ele. Jizela tornou-se extraordinária radiestesista, acabou residindo em Brasília. Tive o privilégio de ver nossos caminhos se cruzarem. Durante décadas, sua impecável tele-radiestesia (ela chegou a esse nível de sutileza: sintoniza com os pacientes pelo telefone) foi a guardiã da saúde de minha família (como Hercílio, atende gente do mundo todo). Certo dia, comendo uma pizza com ela em Porto Alegre, a entrevi na figura de um sacerdote-médico do Antigo Egito. Por certo, arrisco afirmar, colega de Hercílio.

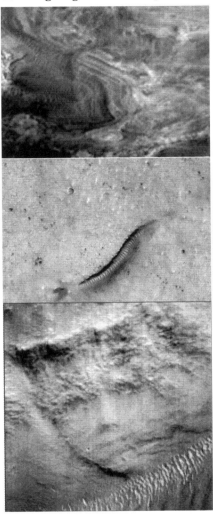

Recentes fotos de Marte. Arquivos da NASA.
Primeira foto: Terraplenagem no solo de Marte; foto do meio: dutos gigantescos que adentram o solo de Marte; última foto: face humana gigantesca fotografada no solo marciano. Todas as imagens foram enviadas à Terra pela missão espacial Mars Global Surveyor. Cortesia do pesquisador Marco Antonio Petit.

O planeta Marte

É comum que os mentores de médiuns psicógrafos os levem durante a noite, em astral, a conhecer situações e ambientes que depois deverão descrever.

Hercílio dizia que Ramatís costumava lançar mão desse recurso. E certa ocasião, em que se falava da obra *A Vida no Planeta Marte e os Discos Voadores* e da descrença de alguns sobre a civilização marciana, Hercílio comentou, com sua simplicidade característica: "Eu estive lá... Ramatís levou-me lá durante a noite, e eu vi tudo aquilo... eu vi...", como se dissesse: "Que posso fazer? É assim mesmo..."

Os espíritas céticos ou detratores dessa obra – só porque não lhes agrada, sabe-se lá por quê – curiosamente esquecem-se de um detalhe fundamental: Chico Xavier, o grande Chico da devoção espírita, foi companheiro de Hercílio

Maes na descrição da vida no planeta Marte. Dois únicos médiuns, no Brasil, foram até hoje autorizados pelos Maiores da espiritualidade a descrever a civilização marciana — Hercílio Maes e Chico Xavier.

Há duas obras recebidas pelo grande médium mineiro que reproduzem as mesmas informações de Ramatís: a primeira, ditada pela própria mãe de Chico, Maria João de Deus, *Cartas de Uma Morta*, sob a supervisão de Emmanuel, e a segunda, de Irmão X, Humberto de Campos, que, em *Novas Mensagens*, apresenta um capítulo intitulado "Marte". As informações de ambos são perfeitamente coincidentes com as de Ramatís.

Ah, sem falar na declaração do próprio Emmanuel na obra que leva o seu nome, no capítulo "A tarefa dos Guias Espirituais": "...Assim como Marte e Saturno já atingiram um estado mais avançado em conhecimentos, melhorando as condições de suas coletividades..."

É um tanto estranho, absurdo mesmo, que as mesmas informações, dadas em Uberaba, por intermédio de Chico, sejam dignas de crédito e referendadas pelo espiritismo oficial, enquanto ao chegarem em Curitiba, por Hercílio, suscitem dúvidas e ataques. Afinal, existe ou não vida em Marte?

Ora, se Ramatís e Hercílio se equivocaram ou nos iludiram, então os leitores brasileiros foram iludidos também por Chico Xavier, Emmanuel, a mãe do Chico e Humberto de Campos, com a sanção e o respaldo da Federação Espírita Brasileira.

É curioso que se silencie sobre essa obviedade.

Mas, e as fotos de Marte, feitas pelas sondas da NASA?

Os ramatisianos de coração aguardam tranquilamente, porque *sabem* que a verdade não tarda muito, agora, a vir à tona.

Jamais um mestre do quilate de Ramatís poderia trazer-nos informações ilusórias. Isso é impensável na coerência do esquema evolutivo. Aliás, não foi apenas da vertente espírita que informações coincidentes saíram. Um artigo de nada menos que Charles Leadbeater, o clarividente que foi um dos pilares da teosofia e autor de um conjunto de obras notáveis, descreve em termos incrivelmente análogos aos de Ramatís a civilização marciana, em artigo na revista *O Teosofista*, julho-setembro de 1955, p.1 (vide notas dos capítulos II, VII e IX da obra de Ramatís).

Dona Lola

Eleonora Maes foi uma figura fundamental na trajetória de Hercílio Maes. Companheira incondicional, participou lado a lado de sua tarefa mediúnica, e deu-lhe o indispensável suporte de uma alma amiga. Ela já tinha sido, no passado, inclusive mãe dele, e os unia a verdadeira afinidade de almas.

Dona Lola era boníssima, de uma bondade espontânea e generosa que extravasava com naturalidade de sua figura de clássica "mamma" peninsular. Daquelas almas límpidas, de sorriso bom, afetividade grande. Acolhedora e plena de simpatia, fazia de sua casa um espaço aberto como seu grande coração.

Dona Lola no gabinete de Hercílio. Período em que ele teve o AVC.

Quando Hercílio adoeceu, e fui visitá-los, a vi preocupada, algo perplexa, mas não revoltada. Seu devotamento durante os longos anos de cuidados ao companheiro querido foi indescritível.

Depois que Hercílio partiu, ela continuou residindo no mesmo apartamento para onde os levara Mauro, no bairro do Batel. Ali retomamos o contato e a amizade que perduraram em telefonemas e visitas até o seu desencarne.

Se eu demorava muito a ligar, ela telefonava me "xingando" carinhosamente. Éramos as duas de escorpião. Ela foi uma escorpionina das melhores: muito coração, lealdade, devotamento, coragem até o fim.

Fui algumas vezes a Curitiba, para assistir a eventos, e ficava hospedada com ela. Nossas longas conversas eram predominantemente sobre Hercílio. Dona Lola guardava dele uma saudade funda e permanente, que me doía perceber. Adorava falar dele... e eu adorava ouvi-la. Deveria ter havido um gravador...

Contava das peripécias da trajetória de receitista dele. Levantavam muito cedo, pelas cinco horas da manhã, para estar no centro espírita onde atendia os pacientes, às seis horas. Ela organizava as filas, entregava as fichas, conversava com as pessoas. Ele

Dona Lola no I Congresso Ramatís em Brasília, 1995.

atendia. Quando o paciente não tinha recursos, colocava na receita um sinal previamente combinado com a farmácia, para que fornecesse os medicamentos de graça, e ele os pagava depois. Eram sem conta os casos de pacientes graves, desenganados da medicina, que haviam se curado com as doses homeopáticas. Aliás, ele só gostava de pegar pacientes nessas condições. Ela contava casos de conhecidos, curados de câncer, de alergias, de tudo que se pode imaginar. Das inúmeras pacientes que não conseguiam engravidar, e terminaram mães felizes...Eram casos fascinantes.

Hercílio tinha, dando-lhe cobertura no plano espiritual, um grupo de médicos de várias especialidades, cujos nomes ela citava...

A LBV de Curitiba, contou-me, tinha nascido dentro da casa deles. De início, o grupo não tinha condições para uma sede própria; então reuniam-se ali, com o Hercílio, e após a reunião ela servia o jantar a todos.

Como boa escorpionina, dona Lola era ligadíssima nos filhos e gostava de contar "causos" deles também, assim como dos netos. Mostrou-me certa vez a foto da linda jovem de sua família que era a reencarnação daquela vestal chinesa que, no passado, fugira do templo para desposar um tapeceiro hindu, e viera a ser mãe de Sri Swami Rama-tys, lá onde é hoje o Vietnã.

Dona Lola tinha alguns problemas sérios de saúde, tomava muitas medicações, e uma labirintite tenaz não lhe permitia sair como gostaria. Mas nunca a vi queixar-se.

O mais triste nessas visitas era a despedida. Com grande emoção, vi às vezes gotas amigas cintilando nos olhos dela quando me conduzia ao elevador. Doía-me deixá-la. Laços antigos!

Um dia ligou e conversamos longamente. Como se ela pressentisse, quis despedir-se. Na semana seguinte partiu, serenamente, ao encontro da outra metade de seu coração.

Deixou perene saudade.

As sementes brotaram

Dona Lola e companheiros no I Congresso Ramatís em Brasília, 1995.

Apesar dos que não as compreendiam, as obras de Ramatís só faziam crescer e adicionar adeptos e simpatizantes. Grupos ramatisianos surgiram por toda parte, nos mais variados estados do Brasil e até no exterior.

O interessante é que todos os verdadeiros ramatisianos, instintivamente, trataram de adotar em seus trabalhos espirituais algumas constantes. Uma delas é a cromoterapia. Onde houver um ramatisiano, lá estará a velha terapia das cores, quase uma marca registrada.

Os grupos se multiplicavam, mas raros mantinham contato. Então, em 1994, começou a germinar uma ideia que acabou desabrochando no primeiro Congresso Ramatís do Brasil. Em Brasília, outubro de 1995, encontraram-se finalmente representantes de norte a sul, de leste a oeste. A organização foi da Fraternidade do Triângulo, da Rosa e da Cruz, de Brasília, fundada por América Paoliello Marques, que também recebera obras psicografadas de Ramatís. Foi um evento marcante. Logo após, representantes de diversos grupos reuniram-se em São Paulo e decidiram fundar a Associação das Fraternidades Ramatís (AFRAM).

O segundo Congresso Ramatís teve lugar em Porto Alegre, em fevereiro de 1996. Nosso grupo foi o organizador. Mais de 400 assistentes. Houve delegações de vários estados e grupos do Chile, do Peru e da Argentina. Graças ao labor dedicado de tradução[3] de Manuel Valverde, as obras de Ramatís se espalharam pelos países de língua espanhola. E tivemos a extraordiná-

---

[3] Houve traduções de obras de Hercílio Maes para o alemão e o japonês, segundo informações dele próprio, e com varias edições.

ria presença do próprio Valverde, o decano dos ramatisianos. A simpatia fraterna coroada por seus cabelos brancos, a insuperável devoção à obra de Ramatís, "el maestro", como dizia, eram marcantes na sua figura. Nós nos correspondíamos fazia algum tempo, e esse encontro ao vivo foi uma alegria única. Valverde e sua esposa, Juanita, eram muito amigos de Hercílio Maes. Valverde mantinha em sua cidade, Merlo, província de San Luis, na Argentina, um grupo ramatisiano.

Foi no congresso seguinte, em São Paulo, no ano de 1998, que dona Lola e Sérgio Carvalho se encontraram. E ali foi selada a nova aliança que iria permitir a criação da Editora do Conhecimento[4] e iniciar uma nova etapa de divulgação para as obras de Ramatís. A generosidade de Mauro Maes e o idealismo incansável de ramatisiano de Sérgio Carvalho permitiram que a obra de Hercílio Maes prosseguisse conforme ele próprio desejaria. De lá para cá, edições se sucederam ininterruptamente. Uma obra inédita foi resgatada e saiu do prelo em 1999, intitulada *Sob a Luz do Espiritismo*.

Manuel Valverde e Juanita.

Outros congressos se seguiram, e no presente ano de 2010 prepara-se o sexto, finalmente na cidade de Hercílio Maes, em Curitiba, na Universidade Espírita. Lá existe agora a Fraternidade ramatisiana Hercílio Maes, onde foi inaugurada uma sala com seu nome, com material organizado por Mauro Maes.

Podemos lembrar Hercílio Maes, homenageá-lo, reconhecer-lhe o trabalho fiel, recordar sua simplicidade, generosidade e grande coração, sua carinhosa dedicação aos sofredores da matéria, mas nunca poderemos agradecer suficientemente pela

---

4 A criação da Editora do Conhecimento foi totalmente orientada pelo Alto. Para tanto, o casal espírita que a dirige, e que na época atuava no ramo gráfico comercial, foi avisado, através de mensagem psicografada, que suas atividades migrariam para um ramo afim, com o objetivo de viabilizar um projeto de interesse da Espiritualidade. Isto aconteceu em julho de 1997, antes de Sérgio Carvalho conhecer dona Lola, e em julho de 1998 a Editora do Conhecimento já estava constituída.

Manuel Valverde e Hercílio uma amizade que rendeu frutos preciosos e milhares de livros para os países de língua espanhola.

dádiva de sua obra, que nos permitiu reencontrar a palavra inesquecível de Ramatís e os ensinamentos que mudaram nossas vidas.

Nossos encontros físicos, sob a luz do século XX, não foram extensos, mas me parece conhecê-lo tão bem... Sabe Deus sob que horizontes e à luz de que circunstâncias! Muitas, certamente, naqueles "felizes reencontros em encarnações orientais", de uma dedicatória de livro que guardo como relíquia.

Anexo I
Carta de Hercílio a dr. Portela

Curitiba, 19 de maio de 1970

Estimadíssimo amigo e irmão milenário Portela:
Meus votos de Paz e Alegria.
Embora eu tenha enviado rápida correspondência pelo Mozart Varela,[1] quando do ensejo da visita do caro amigo Newton Varela, li cuidadosamente sua carta datada de 12/10/69, cujo assunto me agradou e desejo comentar, além de outras notícias recentes.

TRABALHO ESPIRITUAL – Escreve o caro amigo que a coisa por aí está "para valer", com pouco repouso do corpo e muita atividade do espírito. Como diz o adágio, "tanto lá como cá, as mesmas coisas há!". Realmente, como diz você, nós devemos representar justamente a "mocidade pra frente", porque a que hoje se atualiza está caminhando apressadamente para trás, no retorno mental e físico às cavernas. Cabeludos, roupas de couro, sapatos com pregos medievais, botões de metal, correntes e pulseiras dos tempos idos, conversa grossa, dura e por cacoetes, como deviam fazer os homens das cavernas.
Todas as artes invertidas nos seus valores: pintura e escultura primárias, feitas de borrões e ganchos, como fazem nossos netos arranhando as primeiras folhas de papel. Pintura própria dos murais das antigas cavernas, primárias

---
[1] Mozart Varela foi um discípulo de Ramatís, amigo de Hercílio Maes e de dr. Portela. Brasileiro, residia em Buenos Aires, como gerente de uma companhia aérea brasileira. Periodicamente visitava os companheiros milenares. Entre os três se desenvolvia uma correspondência permanente.

e tolas; música de "tan-tans" das tribos dos xavantes. Um sujeito hoje pega um maço de barbante, tinge de vermelho, amarelo ou azul, enfia uns ganchos de cobre, arremata com um pouco de chumbo, enverniza uma tábua e coloca ali o mostrengo, olha... súbito, um estalido no cérebro: ele chama aquilo de "pesquisa de minerais", leva para a Bienal e tira o primeiro lugar. Enquanto isso, as polícias alemãs, japonesas e do restante do mundo já usam capacetes, couraças e lanças para se defenderem, no século atômico, das pedradas dos estudantes!...

DONA AMÉLIA – Eu penso que o mais aconselhável é seguirmos religiosamente a homeopatia através da radiestesia, em que o próprio cabelo do enfermo, pelo seu magnetismo ou energia "bioelétrica", sintoniza a medicação eletiva. A homeopatia é energia, é combustível energético que o enfermo recebe, mas quem cura é o próprio organismo, o qual, na sua sabedoria psíquica avançada, faz o aproveitamento. Quem, como o nosso corpo, realiza milhares de operações em alguns segundos, como um maravilhoso computador organogênico que troca células velhas e produz novas; aumenta ou baixa temperatura, pressão, e acelera ou retarda o metabolismo, elaborando fermentos, sucos, bílis, sangue e saliva; pela central hipotalâmica acerta o sistema neuropsíquico, pela hipófise rege a orquestra anatomo-fisiológica; drena resíduos pelas vias emunctórias; coordena movimentos automatizados, como respirar ou sentir; e faz tudo isso **sem nos consultar**, por que não pode curar, se não o atrapalharmos com medicamentos contraindicados? A homeopatia já vai prontinha, mastigadinha; é energia de colher! Quanto às reações que se sucedem de início, é próprio da reativação da vida que estava findando nas regiões enfermiças! Daí o caso de jogar fora tudo o que é pomada, linimentos, antibióticos e porcariada violenta de efeitos colaterais e secundários, e fiquemos no regime do cabelo. Vamos começar tudo de novo, mas pra frente! Aqui estou à disposição e medicarei mensalmente. Não há doenças: há doentes!

ESCLARECIMENTOS ESPIRITUAIS – Caro Portela, sou de opinião que não há mais tempo para "construções materiais", espécies de depósitos de "carnes vivas" de crianças ou velhos. O tempo urge de tal modo, que a salvação agora é pelo esclarecimento pessoal e individual. Ensinar o engraxate a engraxar sob a égide do Cristo. Folhetos, TV, rádio, mensagens, trabalhos de evangelização ou espiritualidade. Estamos na hora final; salve-se quem puder! A cúpula deve ser "espiritual", pois já findou a hora da "caridade dos tijolos".

MENSAGEM DE RAMATÍS – Sua exposição bem clara e minuciosa eu li atentamente, sintonizando o estado de espírito que nos deve ser "latente" nesta empreitada de renascimento espiritual. Tudo certo entre "colunas". Prossigamos sob tal ritmo que atenderemos ao propósito do Alto!
Está no prelo o "Problemas do Espírito Imortal", de Ramatís. Aguarde para logo um exemplar.

Abraço,
Hercílio Maes

Anexo 2
Entrevista à revista Panorama
(nº 202, Curitiba, julho de 1969)

Este homem fala com os espíritos
texto de José Eduardo Barbosa Jr., fotos de H. Serrano

É um homem, à primeira vista, absolutamente comum: terno surrado, suspensórios elásticos, cabelos despenteados, barba branca por fazer, óculos caindo sobre o nariz, dedos gordos a cada instante puxando as calças, presas por uma cinta de couro marrom desbotado. Em seu escritório desarrumado, no 13° andar de um edifício comercial no centro de Curitiba, tenta mais uma vez colocar em ordem os papéis espalhados nas três mesas de trabalho. Mas não consegue, de minuto a minuto a campainha é soada cinco vezes — um código entre os amigos, para evitar as visitas inoportunas.

Hercílio Maes, às vésperas do 56° aniversário (nasceu em agosto de 1913), está absolutamente despreocupado com o resto de sua vida: "Meu espírito tem 28 mil anos. Esteve na Atlântida, na Caldeia, na Assíria, no Egito, na Grécia, na Índia, na Espanha, na França, na Itália e agora no Brasil, educando-se, aperfeiçoando-se". Fora dos círculos esotéricos, maçônicos, pitagóricos e espíritas, pouco o conhecem. Em São Paulo, no Rio, na Argentina, nos Estados Unidos e em quase toda a Europa Ocidental, além da União Soviética, porém, é um nome respeitado, como um dos maiores médiuns vivos do mundo. Escritor de obras psicografadas ("recebo-as através do espírito de Ramatís, um antigo mestre iniciático que viveu há mais de mil anos na Indochina"), consegue uma impressionante tiragem de 700 mil exemplares, só no Brasil. Seus doze livros foram traduzidos para o espanhol, inglês, russo, japonês e alemão. No Brasil, apenas Chico Xavier, Jorge Amado e Érico Veríssimo vendem mais. A Editora Freitas Bastos envia-lhe mensalmente um cheque de oito a dez mil cruzeiros novos, por conta dos direitos autorais (embora tenha um crédito de 158 milhões antigos). Mas, de propriedades, possui tão-somente uma casa nas Mercês e um Volks 65. "Dou tudo para as instituições de caridade". Chegam às suas mãos cem cartas por semana e um número ainda maior de pedidos para que trate de doentes — é homeopata. Para curar, não exige a presença do paciente, basta uma mecha de cabelos.

Hercílio Maes, desde que publicou, há vinte anos, a primeira edição de *A Vida no Planeta Marte* (120 mil exemplares), vem resistindo aos pedidos de entrevistas. Recusou-se para três revistas de circulação nacional e várias vezes disse não, quando Hebe Camargo implorou sua presença no programa que apresenta na TV-Record, de São Paulo. Com dez dias de trabalho, Panorama obteve esta sua primeira e única entrevista.

PANORAMA — Como o senhor explica o fato de ter recebido doze obras de conteúdo espiritualista, psicografadas de Ramatís?

HERCÍLIO — Em espiritualismo, entende-se por psicógrafo um homem ou médium que escreve mensagens ou recebe ditados de espíritos desencarnados. Desde que a criatura encarnada é um espírito, ela pode ser o canal ou antena viva, apta a receber os pensamentos dos que já partiram deste mundo. Aliás, o aspecto insólito do caso consiste, apenas, em que uma das entidades se encontra fora do plano dos chamados vivos, atuando numa frequência vibratória mais sutil e oculta, enquanto a outra escreve ou fala sob tal atuação, materializando para os sentidos humanos o que pode captar na sintonia mediúnica. Sem dúvida, os mediuns psicógrafos variam tanto quanto a sua capacidade, inteligência, sensibilidade ou graduação espiritual. Assim, cumprindo um programa traçado no Espaço, antes de encarnar na atual existência, tenho recebido preferencialmente as mensagens do espirito indochinês conhecido por Ramatís, embora também possa psicografar as ideias e notícias de outras entidades espirituais.

PANORAMA — O senhor e a doutrina esotérica acreditam que existe vida, tal qual a concebemos, em outros planetas?

HERCÍLIO — Não é somente o esoterismo, mas também o espiritismo, o rosacrucianismo, a umbanda, a teosofia e a yoga que admitem a existência de vida humana em outros planetas. Aliás, o próprio Jesus confirma isso, quando enunciou: "Na casa do meu Pai há muitas moradas". (16:13, João). Ou seja, no Universo há muitos planetas habitados. Seria muita vaidade julgarmo-nos a única humanidade do Cosmo, quando além de sermos criaturas primaríssimas, o nosso mundo ainda é um dos menores astros suspensos no turbilhão de nossa galáxia. Deus seria um excêntrico, ao criar a vida humana apenas na Terra, despovoando o imenso Universo.

PANORAMA — Em *A Vida no Planeta Marte*, o senhor afirma que a humanidade marciana é mais evoluída que a nossa. Pode provar isso?

HERCÍLIO — É evidente que, se existem outros planetas habitados, alguns serão superiores e outros inferiores à Terra. A ciência astronômica já assinalou mais de cem milhões de planetas com possibilidade de vida semelhante à que existe em nosso mundo. Muito embora os cientistas ainda se contradigam nas suas especulações, Marte é um planeta habitado por humanidade superior à da Terra. Conforme elucida Ramatís, um bilhão e meio de marcianos adiantam-se mais de mil anos da civilização terrena. Estão divididos em comarcas laboriosas e pacíficas. Os marcianos são absolutamente vegetarianos, falando um só idioma semitelepático e governados por um conjunto de doze membros escolhidos entre os maiores sábios, cientistas, filósofos, artistas, médicos, juristas e mentores espirituais. São tipos humanos psicofisicamente mais aprimorados do que os terrícolas, de fisionomias mais tranquilas, sem rugas e alimentando-se de geleias, óleos, comprimidos, pastas aromáticas e sucos de frutas ricos de vitaminas. Além dos relatos de Ramatís, os telescópios terrenos já comprovaram que, em Marte, existem calotas polares de neve ou gelo, as quais se derretem na primavera, assim como também aparecem faixas de vegetação na proximidade dos supostos canais descobertos pelo astrônomo Schiaparelli. Em entrevista ao jornal soviético *Konsomolskaya*, em 1959, o astrônomo Shokovskiy afirmou que são artificiais os dois satélites de Marte, Deimus e Fobos, que devem ter sido montados no espaço e colocados em órbita há muitos anos. Tudo indica que essa é a verdade, pois recentemente os astrônomos examinaram a densidade desses satélites e surpreenderam-se, ao verificar que são ocos. Conforme é do conhecimento científico terreno, Deimus mede 8 quilômetros e Fobos 16 quilômetros de diâmetro. Até o momento, ninguém pode desmentir o astrônomo Shokovskiy, pois os satélites, além de ocos em sua estrutura interior, comportam-se em suas órbitas à perfeita semelhança do que ocorre com os satélites artificiais colocados no espaço pelos homens da Terra. Mr. Singer, abalizado físico de Princeton e da Universidade de Maryland, EUA, afirma que dentro de poucos anos nós poderemos rebocar Deimos para a atmosfera terrena, deixando-o em órbita para estudar sua origem.

PANORAMA — Os discos voadores vêm de Marte?

HERCÍLIO — Realmente, eles procedem principalmente de Marte, cujos pilotos atingem até um metro e setenta centímetros de altura. No entanto, há outras espaçonaves, no mesmo gênero, que se originam do satélite Ganímedes de Júpiter, sendo que seus tripulantes não ultrapassam um metro de altura, são de aspecto envelhecido e de um tom esverdeado, em razão da predominância de bílis na circulação. Além disso, também somos visitados pelos discos voadores do planeta Clarion, além de nossa constelação, cujas criaturas são algo diáfanas, irradiando luminosidade e de aparência muito simpática. Finalmente, devemos anotar que há espaçonaves de um outro planeta, com tripulantes altos, de 2,20 e 2,50 m, fisionomia algo frígida, olhos azuis-cinzentos, lembrando alguma semelhança com a estopa. Eles procedem de um mundo em que a humanidade evoluiu muito técnica e cientificamente, mas deficientemente no tempo espiritual, como acontece com a Terra, onde o homem já pisou na Lua, mas não penenetrou um centímetro na sua própria alma.

PANORAMA — Segundo uma conferência que o senhor proferiu recentemente, no Teatro de Bolso, nós estamos vivendo o fim do mundo. É verdade?

HERCÍLIO — Não se trata de fim do mundo, porque a Terra ainda é um planeta jovem que se prepara para atingir os admiráveis eventos jubilosos de orbes superiores, como Marte, Júpiter e Saturno. O fim dos tempos significa uma fase peculiar a qualquer planeta habitado.

PANORAMA — O que se deve entender, então, por juízo final?

HERCÍLIO — No fim dos tempos, a Terra se submete a uma correção geológica na sua estrutura e a uma classificação espiritual entre os homens. O juízo final é um exame severo, com a finalidade de aprovar ou desaprovar os espíritos encarnados e desencarnados na conformidade do curso espiritual vivido na Terra. Sabemos que, numa escola primária terrena, os alunos que ali aprendem o alfabeto são muito instintivos, daninhos, irresponsáveis, malcriados. Isso tudo também acontece na Terra, que é, igualmente, uma escola primária de educação espiritual, onde os terrícolas são danosos, desonestos, inescrupulosos, ciumentos, avarentos, perversos, egoístas, indiferentes aos ensinamentos espirituais, escravos de paixões animais, viciados no álcool, fumo e entorpecentes. Selecionam os jovens mais sadios e os enviam para guerras fraticidas, em que eles perdem braços, mãos, pernas e ficam deformados. Depois, proclamam o sucesso da ciência terrena, colocando nesses jovens arruinados pernas, braços e mãos mecânicas, ou olhos de vidro. Em consequência, o juízo final é realmente o exame derradeiro das crianças sensatas e espiritualizadas, tal qual os mentecaptos, negligentes e daninhos são reprovados no fim do curso primário.

PANORAMA — E como será esse juízo?

HERCÍLIO — A profecia bíblica, em sua síntese simbólica, afirma que o Cristo virá julgar os vivos e os mortos ou, mais propriamente, os encarnados e os desencarnados. E que os bons, as ovelhas ou o trigo, sentar-se-ão à direita de Cristo, enquanto os maus, os lobos ou o joio, ficarão à sua esquerda. A humanidade superior deverá habitar a Terra no Terceiro Milênio, pois nosso planeta será promovido a um ginásio. No entanto, os reprovados serão encaminhados para outra escola primária, ou seja, um planeta inferior onde ainda dominam os instintos animais, a glutonice, a fúria belicosa e a vida agressiva, um mundo de "uivos e ranger de dentes", como advertiu Jesus na sua profecia. De acordo com a previsão bíblica, sentar-se-ão à esquerda de Cristo os duros de coração, os negligentes, os perversos, os inescrupulosos. São cientistas satânicos que vivem em laboratórios pesquisando engenhos mortíferos; engenheiros que planejam massacres de cidades; negociantes de câmbio negro que dificultam a vida dos pobres; administradores corruptos que se locupletam do patrimônio público; traficantes de drogas viciosas; jornalistas que exploram o escândalo e as desgraças alheias; diretores de sanatórios, orfanatos, creches, asilos e nosocômios que desviam verbas, furtam e enriquecem sob a infelicidade do próximo; industriais do câncer ou da cirurgia inescrupulosa; tribunos, escritores ou políticos que instigam as forças do ódio, açulando as massas para a destruição; religiosos, espiritualistas, curandeiros e médiuns que fazem um balcão de negócios da dor humana; juízes corruptos, cruéis e vingativos, advogados chicanistas, autores obscenos, avarentos endurecidos, agiotas impiedosos, fabricantes de armamentos, exploradores de viúvas, indiferentes ao sofrimento alheio, traficantes de mulheres.

PANORAMA — O que o senhor diz da "Era da Besta"?

HERCÍLIO — No reinado da Besta, os seus súditos procuram usufruir o máximo de vivência animal, através dos sentidos físicos. Há uma perda de vontade própria, excesso de lubricidade e fome de prazeres violentos. Impera a rebeldia, a desordem, o parasitismo, invertem-se os valores tradicionais consagrados pela prudência e sensatez. Há um gosto pervertido por tudo. As criaturas descobrem méritos e genialidades no erotismo e pornografia da literatura, da televisão, do teatro e do rádio. A banalidade é elevada à conta de sabedoria, pois um novo esgar consagra um artista medíocre, um palavrão inusitado ressalta um mau escritor, uma gaguice é indício de um orador comunicativo.

PANORAMA — O que significa a Lei do Carma que o senhor citou, em certo momento de sua conferência?

HERCÍLIO — Carma é um termo de origem tradicionalmente oriental, embora familiar entre os espíritas, esotéricos, umbandistas e rosacrucianos. Explica a Lei de Causa e Efeito, isto é, que o espírito do homem colhe em cada nova encarnação os efeitos bons ou maus que semeou em vidas anteriores. Quem abusou da riqueza nascerá paupérrimo, quem massacrou um corpo sadio há de ser um enfermo. Deus não pune os seus filhos de modo sádico, mas lhes proporciona os ensejos de compensarem o tempo perdido, ou ajustarem-se na verdadeira rota de sua felicidade. Quando o homem queima o carma, ele está reduzindo suas dívidas pretéritas e liberando o seu ativo angélico.

PANORAMA — O senhor, portanto, admite a reencarnação. Há, realmente, probabilidade de todos os homens terem vivido existências anteriores?

HERCÍLIO — Existe um conceito tradicional: a verdade e o sol nascem no Oriente. A reencarnação, doutrina aceita e explicada há mais de cinco mil anos, desde os Vedas, na Índia, no culto de Osíris e Isis, no Egito, entre os persas e os druídas, fundamento das lendas escandinavas e germânicas, cultuada e admitida pelo espiritualismo, teosofia, rosacrucianismo, esoterismo e yoga, é a prova mais evidente da sabedoria, bondade e lógica de Deus na criação do Universo.

PANORAMA — Recorda-se o senhor de algumas vidas anteriores?

HERCÍLIO — Quando jovem e incipiente na espiritualidade, percebia a fluência incessante de imagens ou acontecimentos que me faziam lembrar outros países. Após desenvolver a mediunidade de psicometria, que hoje me é comum, então pude comprovar que se tratava de recordações de outras vidas do meu espírito. Normalmente, do passado só recordamos os principais acontecimentos de cada existência, e que mais vivamente impressionaram a nossa memória espiritual. No meu caso, por exemplo, lembro-me que fui mago na Caldeia, governador de pequena região na Assíria, escravo no Egito, discípulo de Pitágoras na Grécia, sacerdote bramânico na Índia, queimado pela Santa Inquisição na Espanha, no ano de 1556; participei do movimento clandestino de imprensa revolucionária na França e, enfim, andei envolvido em movimentos políticos na Itália, em minha última existência.

PANORAMA — O senhor é, antes de tudo, um espírita?

HERCÍLIO — Não, sou um universalista.

PANORAMA — E o diabo, afinal, existe?
HERCÍLIO — Coitado do diabo! Em 1945, quando os americanos soltaram a bomba atômica em Hiroshima, matando 150 mil pessoas, ele ficou envergonhado e pediu aposentadoria pelo IAPI — Instituto de Aposentadoria e Pensões do Inferno.

Anexo 3
Entrevista na revista Panorama
(nº 215, Curitiba, dezembro de 1970)

Homeopatia explicada
da equipe de redação

Nesta entrevista, Hercílio Maes — estudioso do espiritualismo e médium respeitado em todo o país — antecipa a cura do câncer e o fim da velhice.

Duas vezes *Panorama* entrevistou Hercílio Maes, estudioso de problemas espiritualistas. Agora, volta a ouvir sua palavra, atendendo a centenas de cartas e pedidos chegados à redação, sobre um tema que vem sendo debatido intensamente: a homeopatia e sua fisiologia. Longe de endossarmos ou contestarmos suas palavras, mesmo porque somos leigos na matéria, transcrevemos, a seguir, as opiniões de Hercílio Maes.

PANORAMA — O progresso da homeopatia no Brasil seria decorrente da índole simplista do povo brasileiro, sempre simpático a qualquer terapêutica?

HERCÍLIO — Realmente, o temperamento quente, versátil e comunicativo do brasileiro, inatamente intuitivo e cultor incondicional da vida espiritual, além de uma religiosidade comovente e tão fraterna, que se transforma num curandeiro em potencial, no intuito de ajudar ao próximo, também o faz simpático à natureza mais energética e menos material da homeopatia. No Brasil, maravilhoso país espiritualmente "superdesenvolvido", as mudanças políticas e os conflitos ideológicos mais graves são resolvidos sem a sangueira tão própria dos povos belicosos e primários. O próprio médico brasileiro, em geral, é criatura "desacademizada", capaz de ingerir um chá de folhas de laranja ou erva cidreira para acalmar os nervos, embora receitado pela comadre, preta velha ou lavadeira vizinha. Isso não é desdouro, mas resultado da tradicional índole brasileira, em que a humildade do sábio e do cientista normalmente prevalecem sobre a presunção acadêmica. Daí o motivo da simpatia e da preferência do brasileiro pelas doses infinitesimais e energéticas homeopáticas, em face de sua eletividade para tudo aquilo que lhe evoque algo do mundo do espírito. Jamais isso acontece por ser um simplista, mas um homem simples, o que é próprio de uma etnia tão inteligente.

Diante do advento da era atômica, com o domínio da energia nuclear, é perfeitamente pacífico que o mundo infinitesimal seja mais poderoso e dinâmico do que o mundo das formas substanciais. Conforme Einsten, ao dizer que a matéria "não passa de energia condensada, acumulada ou compactizada", fica provado o energismo sempre operante sobre a matéria. Embora sirva-me de um exemplo rudimentar, sabe-se que há grande diferença quanto ao poder dinâmico da água, conforme cada um dos seus três estados físicos, como substância líquida, sólida e gasosa. No estado de gelo, a água quase não tem nenhum poder dinâmico; sob a forma líquida, ela já pode ser utilizada como força hidráulica, capaz de movimentar engenhocas e turbinas de usinas; e, finalmente, sob a forma de vapor, consegue mover locomotivas, trens sobre trilhos, navios e encouraçados. É de senso comum que a matéria é um poderoso reservatório de energia formidável, que só se manifesta quando a matéria está dissociada. Em 1843, Bourchardt já demonstrava perante a Academia de Ciências de Paris que uma miligrama de iodureto de mercúrio, dissolvida em vinte litros de água, era capaz de matar em alguns segundos os peixes ali mergulhados. Em verdade, essa solução representa a proporção 1 por 200 milhões, ou seja, exatamente o equivalente da quinta dinamização centesimal da homeopatia, e que os alopatas consideram inócua. Em 1905, Richet mostrou que o formol, na dose incrível de um milésimo de miligrama em mil litros de água, era capaz de alterar a marcha da fermentação láctica, sendo essa solução representada por uma fração de 1 unidade por 1 bilhão. Gabriel Bertrand, mais tarde, mostrou que um miligrama de manganês, em 10 mil litros em meio de cultura, exercia uma influência favorável sobre o desenvolvimento do *aspergilus niger*, isto é, uma unidade para 10 bilhões, ou seja, além das dinamizações da homeopatia. Os pesquisadores Logh e a srta. Wurmser, conforme comunicação feita ao Congresso de Budapest, comprovaram, através da célula fotoelétrica, que ainda existia medicamento da 30ª decimal homeopática, isto é, o equivalente colateral da 15ª diluição centesimal. Em consequência, a homeopatia não é medicina inócua ou empírica, se ainda conserva os princípios ativos das substâncias dinamizantes em doses de diluições tão altas. Em sua peculiar atividade de ministrar a energia extraída da substância dinamizada, a homeopatia, para nós, atinge facilmente o próprio campo psíquico do enfermo. E como é de senso comum, não existem doenças, mas doentes. A cura não resulta propriamente do medicamento intrínseco ministrado, mas é fruto da sabedoria psíquica e inata do homem, que então mobiliza a energia medicamentosa, restabelece o seu equilíbrio bioelétrico e recupera a vitalidade numa salutar distribuição orgânica. Numa linguagem comum, diríamos que o doente recebe o medicamento energético homeopático mastigadinho e pronto para o uso imediato.

PANORAMA — Poderia dar exemplos concretos da ação da homeopatia?

HERCÍLIO — Supondo-se que um enfermo apresente ao médico estes sintomas: agitação intensa e angústia, debilidade, febre intermitente e maligna, dores queimantes, como carvões acesos, melhorando pelo calor ou compressas de água quente, mas agravando-se de uma às três horas da manhã, sede frequente para pequenas quantidades de água gelada e, às vezes, vômitos violentos. Aos médicos alopatas, no seu método de procurar e combater a doença, só lhes interessa, em particular, os sintomas dominantes que permitam estabelecer uma síndrome e depois a etiologia, confirmada ou invalidada pelos exames complementares, a fim de posteriormente medicar. Ou, quando isso não pode ser realizado, prescrevem a medicação sintomática. Sob tal conjectura, devem receitar para esse doente drogas psicotrópicas para a agitação intensa, antiálgicos, medicação antiemética para os vômitos e antipirética para a febre.

Os médicos homeopatas, no entanto, baseados no seu conhecimento de matéria médica, então buscam identificar qual é o *similibus* ou a substância que aplicada em dose compacta, maciça, venha a produzir num indivíduo são a mesma sintomatologia enfermiça que defrontam no paciente mencionado. Assim, importa-lhes especificamente todas as características apresentadas pelo enfermo, aparentemente sem valor, como as dores queimantes de carvões acesos, sob cujos indícios eles identificam perfeitamente o quadro mórbido que o ácido arsenioso produz especificamente numa pessoa sã. O homeopata prescreve o medicamento *Arsenicum Album*, sob a lei dos semelhantes, escolhendo a dinamização adequada ao caso, que pode ser agudo, semiagudo ou crônico.

Outro exemplo: o paciente não pode descansar tranquilo, está sempre agitado, com movimentos violentos, é um tipo de coreia ou dança de São Guido, traindo excitação sexual, o coração comprimido e opresso. Súbito o doente chora ou ri, sem motivo – síndrome chamada antigamente de histeroepiléptico. Melhora pela música, como se sua agitação obedecesse a um tema musical, o que, para o homeopata, é um excelente detalhe. Sob tais particularidades, que individualizam a dose dinamizada, o médico homeopata então prescreve a medicação *Tarântula Hispânica* a esse enfermo, isto é, o semelhante, ou melhor, o tóxico dinamizado e diluído dessa aranha espanhola, cuja picada nas pessoas sãs provoca os sintomas semelhantes acima descritos. Aliás, as danças pitorescas dos camponeses italianos e espanhóis, chamadas tarantelas, reproduzem algo de uma coreografia muito parecida com os efeitos mórbidos produzidos pelas vítimas das picadas das aranhas tarântulas.

PANORAMA — Como age e funciona o energismo homeopático no organismo humano?

HERCÍLIO —Assim como os motores falham, as lâmpadas

piscam e os refrigeradores claudicam a uma simples oscilação de corrente elétrica, a saúde e o bom funcionamento do corpo humano também requerem um energismo compensativo e fluente. Supondo-se que certa criatura precisa diariamente de mil cargas de energia, ou princípio vital, para sua manutenção saudável, ela adoecerá caso só receba 700 cargas ou venha a gastar 1.300 na sua despesa organo-fisiológica. Ante a deficiência energética, alteram-se as combinações químicas e celulares, proliferam os gérmens patogênicos, cai a absorção vitamínica, dificulta-se a desintegração de proteínas, diminui a produção de saliva, sucos gástricos, bílis e fermentos pancreáticos. Há deficiente nutrição sanguínea, excesso de anidrido carbônico e carência de oxigênio. O bom senso então recomenda que seja imediatamente compensada a carência energética, em vez da imprudência de se chicotear os órgãos debilitados, ou se expulsar e destruir indiscriminadamente os gérmens patogênicos, e também os saprófitas essenciais à vida humana. Assim, a função precípua da homeopatia é ministrar ao organismo enfermo a energia, por meio das doses infinitesimais, na distribuição equitativa e proporcional às regiões, zonas e locais debilitados. Considerando-se o *quantum* energético individual, semelhante a uma carga provinda da usina elétrica, a homeopatia funciona à guisa de transformador que dosa, regula e ajusta, transformando essa carga na voltagem adequada para fazer funcionar motores, aparelhos elétricos e indústrias vultosas, assim como acender lâmpadas de iluminação. Mas é evidente que a carga diminuta de 120 volts não movimenta o trem elétrico, enquanto a carga de 2 mil volts funde o modesto barbeador; por esse motivo o arsenal homeopático dispõe de todas as dinamizações apropriadas às frequências energéticas do enfermo.

PANORAMA — Mas por meio de que processo?

HERCÍLIO — Há muito tempo que a ciência médica conhece a importância e os efeitos valiosos das enzimas, que são substâncias de natureza proteica e possuem a importante propriedade de catalisar as reações biológicas. Elas podem ser consideradas verdadeiras moléculas vivas, que, por sua natureza dinâmica, atuam na fronteira onde se processam os fenômenos físicos e biológicos. Sua atividade é fundamental para a fisiologia celular, pois a maioria das transformações químicas que ocorrem na intimidade da matéria são catalisadas por essas enzimas. Como a função precípua do metabolismo celular é proporcionar energia para manter a vida, cabe às enzimas o papel central e indispensável nesse processo total da célula. Elas condicionam as reações de degradações de compostos de potenciais energéticos mais altos e de compostos energéticos mais inferiores, enquanto fixam e armazenam a energia assim libertada e utilizada para a atividade celular. O conhecimento desses compostos ainda é restrito, porque somente em 1926 foi cristalizada a primeira enzima por Summer, a *urease*, embora de há muito tempo a ciência já conheça os efeitos catalíticos dessas substâncias infinitesimais, que surpreendem por atuarem sem se consumirem. Como exemplo frisante, cito a amilase, enzima que é capaz de desdobrar, em meia hora e sem se gastar, o amido, numa proporção de 20 mil vezes o seu próprio volume. Cada tipo de enzima tem uma função específica, ou age sobre um substrato específico. Assim, a *asparaginase*, por exemplo, usada pelo professor Grundmann no tratamento da leucemia, desintegra a "asparagina", isto é, o substrato do líquido intersticial, impedindo o seu aproveitamento pelas células anormais ou anômalas, que assim morrem pela inanição. Ainda é conveniente fazer-se menção às enzimas e ativadoras enzimáticas *cations*, de número atômico entre 11 e 55 (sódio, potássio, rubídio, césio, magnésio, cálcio, zinco, cádmio, cromo, cobre, manganês, ferro, cobalto, níquel, alumínio e amônio), que auxiliam as enzimas em suas reações.

Assim, o fato de cada enzima possuir uma função específica e eletiva de acelerar ou retardar as reações sobre determinadas substâncias químicas, nos processos metabólicos que se realizam na intimidade celular humana, induz-nos a crer que elas significam a última conexão entre o psiquismo energético humano e a própria energia necessária ao corpo físico. Elas são capazes de desencadear as mais incríveis reações e modificações obedientes a esse comando oculto, talvez através do eixo hipotalâmico-hipofisário. Consequentemente, se pudermos realizar uma manobra específica de reforçar ou amparar a dinâmica assombrosa das enzimas, no seu próprio mundo microcósmico, elas eliminam qualquer condição enfermiça, inclusive o câncer. Aliás, o que deve ser um estado de fé, senão a possibilidade do psiquismo humano atuar energeticamente sobre as enzimas e obrigá-las a produzir fenômenos incomuns? Por acaso Jesus não agia, com seu poder divino catalisador-energético e de penetração infinitesimal, sobre as enzimas dos aleijados, cegos, loucos e leprosos, operando transformações tão fabulosas que eram consideradas verdadeiros milagres? Evidentemente, nos processos criadores que vinculam o espírito à matéria, em que ambos não passam de formas energéticas em campos distintos, Deus deve ter organizado ou estabelecido nesse limiar uma rede de malhas infinitas, uma operação técnica positiva e coerente, sob a ação de agentes sutis, em que as enzimas funcionam como as derradeiras conexões do ajuste sidério, entre os dois campos diferenciais. A homeopatia, pela ação infinitesimal de sua dosagem imponderável, pode penetrar nessa região limítrofe e contribuir com sua força potencializada, reforçando a própria ação catalisadora das enzimas nos interstícios do mundo microcósmico até proporcionar a cura. Sob tal condição, os processos químicos inerentes ao estado de saúde devem ser catalisados pelas enzimas e podem ser convenientemente amparadas pelo potencial homeopático na sua metamorfose criadora.

Em síntese, embora sem cogitações de ordem filosófica, poderíamos afirmar que a homeopatia age como uma nova enzima de maior espectro, transitória, mas que é capaz de ativar ou inibir a própria função catalisadora das demais enzimas. Consequentemente, o êxito da medicina futura depende muitíssimo da possibilidade dos médicos manejarem e comandarem o processo enzimático do organismo, essa fabulosa rede de força infinitesimal, que eu creio têm sua função no limiar da vida psíquica do espírito e do corpo físico. E a homeopatia é capaz de operar nessa intimidade celular, porque age por um processo incontestavelmente científico, embora quase transcendental, como é a sua ação no limiar entre o imponderável e o relativo concreto. As doses homeopáticas agem num processo de libertação energética ao nível celular tão íntimo, que então é possível o controle e o comando do próprio psiquismo do enfermo. Se os psiquiatras alegam que é possível a contaminação mental, visual, auditiva e até olfativa, em que as pessoas podem ver, ouvir e sentir os fenômenos que uma delas julgou existir, imaginemos o que não pode acontecer quando o espírito do homem dispõe de energia positiva e não virtual, para a cobertura de todas as suas necessidades psicossomáticas? As doses homeopáticas levam o endereço certo para as enzimas certas, porque além de transmitirem a energia de determinada substância dinamizada, ainda produzem o estímulo energético dessa mesma substância para determinado tipo de enzima ativar as modificações exigidas pelo organismo doente. Cada tipo de medicamento homeopático, e por força da substância da qual é dinamizado, então possui uma qualidade intrínseca que atua sobre determinada enzima específica e a estimula ou inibe para as reações exigíveis no transformismo orgânico.

PANORAMA — No futuro, a medicina será suplantada pela homeopatia?

HERCÍLIO — Considerando-se que uma célula tem milhares de reações químicas diferentes, provocadas por milhares de moléculas de enzimas, até agora identificadas apenas 1.200, a ciência ainda desconhece a maioria da ação desses maravilhosos catalisadores que, no futuro, há de constituir o fabuloso campo da enzimoterapia. Graças às enzimas, a saúde é restituída ao homem, pois a doença é sempre um equívoco, uma vez que Deus criou o ser humano perfeitamente saudável. Em consequência, nada existe na vida que as enzimas não possam modificar, corrigir ou criar. O problema, no momento, é o de controlá-las nas suas milhares de ações e reações químicas diferentes. Obviamente, quando a medicina lograr o poder, domínio e governo de todas as enzimas, como hoje a técnica comanda os computadores eletrônicos, desaparecerão todas as doenças incuráveis, inclusive o câncer. A velhice será eliminada e o homem será sempre um jovem, cujos tipos biológicos serão planejados antecipada e enzimaticamente numa plástica preventiva. Mas isso só será possível quando o cidadão da Terra também tiver assimilado a terapêutica do amor pregado pelo Cristo, o Médico do Espírito Imortal.

Anexo 4
Reportagem na revista Manchete em 22/9/1973

Há um Arigó em Curitiba

Durante 30 anos, doutor Hercílio Maes, advogado do INPS, homeopata e ex-acadêmico de medicina, hoje com 60 anos, trabalhou no mais profundo silêncio em Curitiba.

Ele, seus pêndulos e seus quatros guias espirituais são liderados por uma entidade sino-indiana, desencarnada há muitos séculos, chamada Ramatís.

Através da radiestesia, diz ter curado câncer, fogo selvagem, diabetes, arteriosclerose, paralisia, esterilidade, artrite reumatóide e uma série de outras doenças. Jamais concedeu entrevista ou permitiu fotografias, afirmando obedecer a ordens expressas de Ramatís. Mas, agora, no Centro Espírita Bom Samaritano, na rua Baltazar Carrasco dos Reis, 2.557, dr. Hercílio Maes recebeu a reportagem de *Manchete*, avisando: "Ramatís já me havia notificado que vocês viriam, e permitiu a entrevista. Nosso trabalho, mais dele do que meu, ganhou raízes profundas e nada, nem ninguém, poderá abalá-lo".

Na tarde chuvosa e gelada, cerca de 300 pessoas esperavam a vez de serem atendidas. No rosto de cada uma delas havia a esperança de se livrar das doenças, das filas do INPS e das despesas com os remédios convencionais. Garante dr. Maes que, nesses 30 anos, atendeu a mais de 300 mil pessoas, atacadas das mais graves doenças, e que, ao fim de três meses de tratamento, 95% desses pacientes voltaram à vida normal.

– Sofro de bronquite desde os 15 anos – disse-nos Lucila Amoratto. – Já fiz 29 e, durante esses 14 anos, só tenho feito trocar de médico. Estou cansada. Tenho sentido, ultimamente,

outras coisas, e resolvi vir até aqui. É a primeira consulta, mas tenho certeza que vou sarar. O dr. Hercílio, há um ano e meio, vem tratando minha mãe, que tem pressão alta e problemas cardíacos, e ela está quase boa. Muitas vizinhas vieram aqui e ficaram boas. Eu sei que ele vai me curar... .

Nas três salas do Centro Espírita Bom Samaritano, outras pessoas pensam do mesmo modo. Todas as terças e sextas-feiras, faça sol ou chuva, frio ou calor, a mesma cena se repete. A partir das sete horas da manhã, a fila começa a se alongar. Dividido por sexo – homens na sala da esquerda, mulheres na sala da direita –, uns sentados, outros de pé, os pacientes imediatamente estabelecem uma espécie de intimidade, cada um falando de seus males, comparando os sintomas ou perguntando se o homem cura de verdade.

Ao meio-dia em ponto, o bate-papo cessa. Quem estava no quintal, entra rápido para qualquer uma das salas, não se importando com a divisão de sexo. Os olhos se arregalam e se iluminam com a chegada do dr. Maes. Um silêncio profundo se estabelece de súbito, como se os pacientes esperassem, de um momento para outro, que num passe de mágica todos ficassem instantaneamente curados.

Com 1,60m de altura, nem gordo nem magro, cabelos prateados e óculos, dr. Maes não dá a impressão de uma figura mística. Subindo em uma cadeira, ele se dirige à sua plateia dócil. Fala da homeopatia, que emprega para curar as mais diversas enfermidades, avisando que só trata de uma pessoa por família, não cobra um tostão, nem aceita presentes de espécie alguma. A receita é dada a partir de uma mecha de cabelos cortada no momento da consulta. Diz que jamais houve acidente com seus pacientes e que a homeopatia, baseada no princípio de que os semelhantes curam os semelhantes, é energia vital e não tem nada a ver com medicamentos, sendo a psiquê humana a responsável pela cura, pois ela é que recompõe o físico.

Só depois dessas advertências começa a receber, numa pequena sala escura, grupos de dez pessoas. A cada um pergunta o que sente e corta a mecha de cabelo, que prega num pedaço de papel onde escreve o nome, idade, estado civil e os sintomas da doença. Os pacientes são divididos por fichas azuis e amarelas. Os primeiros vão a exames, os outros recebem logo a receita, aviada em duas das seis farmácias homeopáticas de Curitiba, as únicas que preparam as altas dosagens prescritas pelos pêndulos do dr. Hercílio.

Ele explica:

– Eu me tornei radiestesista por curiosidade. Achava engraçado ficar olhando velhinhos com varinhas e arames pesquisando o solo à procura de lençóis d'água. Certa vez, apanhei uma forquilha de pereira, fiz a prospecção e a varinha curvou-se. Vibrei quando furamos a terra e apareceu água. Passei, então, a estudar a radiestesia e troquei as forquilhas por pêndulos oscilatórios, de maior eficiência. De qualquer maneira, minha iniciação e domínio da radiestesia, entre equívocos, pesquisas, surpresas e fracassos, demorou de cinco a seis anos até atingir uma atividade produtiva e coerente.

Diz ele que, a mais de quatro mil anos, o imperador Yu, da China, já utilizava a radietesia para escolher terras para determinadas semeaduras, segundo a estação do ano. O imperador Yu teve tanta importância como radiestesista que, ao esculpirem sua estátua, colocaram-lhe uma forquilha nas mãos. Mas, na verdade, a radiestesia é anterior a ele.

Dando ao homem o poder de dialogar com o seu inconsciente e utilizar suas potencialidades adormecidas, a radiestesia foi encarada, durante muito tempo, como a arte mágica por meio da qual o homem se comunicava com a terra, a água e os metais. Utilizando forquilhas confeccionadas em aço, nogueira, pereira, ameixeira ou barbatanas de baleia, bengalas-pêndulos, feitas de cobre vermelho e indicadas no livro *La Science des Sourciers* para descobrir água, ou pêndulo de cristal, quartzo, ébano, madeira ou baquelita, a radiestesia é conhecida como a arte de descobrir jazidas de metais, de pedras preciosas, de carvão, petróleo e tesouros ocultos. E, ainda, para localizar pessoas desaparecidas, radiações positivas e negativas, escolhas de terras, adubos, espécies para a agricultura e pecuária, bem como diagnose de doenças e remédios indicados para combatê-las.

A empregada Francisca, que distribui as fichas para consulta, declara:

– Trabalho para dr. Hercílio faz mais de quatro anos. Hoje, forneci até agora 94 fichas para a entrega de cabelos e 102 para as receitas. Dr. Hercílio é muito bom. Chega aqui ao meio-dia e fica até 7, 8 horas da noite. Nunca falta. Sabe, vem muita gente importante: advogados, comerciantes, juiz. Vem também muitos militares. Mas ele só atende gente desenganada pelos médicos, porque se tiver tratando com médico, e ele souber, diz que não. Depois que a pessoa enjoa de lidar com médico, ele pega. Quando eu vim pra cá, estava doente, não aguentava trabalhar. Tomava remédio pro intestino, tomava remédio pra esse negócio de bílis, mas não sarava. Aí, vim trabalhar aqui e até parece que foi Deus quem me mandou. O doutor me deu dois vidrinhos de homeopatia e eu nasci de novo. Mas ele me disse que tudo isso aconteceu porque eu tinha que trabalhar em centro espírita e eu nunca quis saber disso. Ele tem um trabalhão com essa gente toda. A mulher dele, dona Lola, diz que não pode nem mais conversar direito com ele. É que ele corre praqui, corre prali. Pra mim, esse homem e dona Lola são verdadeiros filhos de Deus.

Psoriase, ictiose, vitiligo, fogo selvagem, esclerodermia, úlcera varicosa, erisipela, diabetes, púrpura, neurodermite, arteriosclerose, cefaleia crônica, esterelidade, asma brônquica e cardíaca, cardiomegalia, artrite reumatóide, reumatismo infeccioso, mal de Parkison, distrofia, paralisia infantil, osteomielite, carcinoma, sarcomas, adenocarcinomas, estrabismo, glaucoma, catarata, presbiopia, dacriociste, miopia, estigmatismo, hirsutismo, problemas endócrinos, hemofilia, distúrbios epiléticos, tireoidianos ou suprarrenais e até mesmo assistência mediúnica espiritual são o campo de ação do dr. Maes.

Em sua residência, na rua Amapá, entre as 3 e 7 horas da manhã, utilizando pêndulos de metal dourado, de madeira ou de quartzo, ele examina as mechas de cabelo que utiliza como testemunho. O pêndulo serve como um intermediário entre o doente e o radiestesista. Caso o paciente seja completamente desprovido de cabelos, um pouco de urina, de sangue, fezes, unhas, anéis, camisas, chupetas ou qualquer coisa que possua a "síntese vibratória e radioativa vitalizada pelo campo eletrobiológico" servem para a pesquisa.

Servindo-se do testemunho, de preferência o cabelo por guardar com mais fidelidade às características das pessoas, ele faz um diagnóstico radiestésico, vagamente semelhante ao dos acupunturistas. Em seguida, confrontando a mecha de cabelo com 700 amostras de doses homeopáticas, o pêndulo indica as poções que vibram com mais eficiência em favor da cura, convertendo o doente em seu próprio médico, pois na verdade é seu cabelo que aponta a medicação necessária.

– Posso assegurar que tenho curado recém-nascidos, aves, animais e perturbados mentais, os quais, de modo algum, são pessoas sugestionáveis – diz. – E isso é simples de explicar: homeopatia, contrariamente às substâncias medicamentosas, cura através do dinamismo e potencial das diversas doses, baixas, médias e altas.

Qualquer médico bem-intencionado, que, sem negativismo apriorístico, estudar o *modus operandis* da homeopatia, acabará por descobrir uma terapêutica que é a maior amiga do homem. Na França, atualmente, há vários clínicos que contratam radiestesistas para encontrar, através de testemunhos, a medicação homeopática mais indicada. É verdade, também, que eu conto com a fé para iniciar a cura. Os que têm fé, logo ao primeiro contato comigo, melhoram 50 por cento. Mas fé é para quem pode ter. É um estado físico de confiança, um energismo superior, e que no caso da homeopatia aumenta o poder de catalisação vital. É impressionante o poder do psiquismo consciente. É a fé que remove montanhas.

Os fenômenos radietésicos só perderam o caráter místico em 1923, quando, na França, foi realizado um grande simpósio de radiestesia. Cientistas da época, através das mais diversas experiências, provaram que varas e pêndulos serviam de intermediários entre cada um e seu inconsciente. E quando as radiações dos corpos foram identificadas, a radietesia se transformou definitivamente em ciência, ainda que encarada com reserva, por depender do equilíbrio mental e da honestidade do radiestesista.

Para ser bem compreendido, o fenômeno radiestésico pode ser explicado com o caso dos dois pianos: uma pessoa desejando comprar um piano entrou numa loja e comprimiu a tecla de um deles. Todos os pianos daquela sala soaram a mesma nota, parecendo que o som vinha de todas as partes da sala. O vendedor, notando o susto do comprador, explicou-lhe o fenômeno da ressonância, pois todos os pianos haviam sido afinados num mesmo diapasão e soavam quando uma nota era tocada em um deles. O caso dos pianos se repete constantemente no dia a dia de cada um. Mas, em 90% dos casos, a ressonância passa completamente despercebida. Afinal, tudo vibra no Universo, desde o átomo ao astro, e cada átomo, cada corpo, cada palavra, produzem no momento da vibração uma ondulação, como a produzida por uma pedra atirada num lago. Como os corpos emitem várias espécies de ondas radiestésicas, quando ocorre a ressonância a célula receptora vibra no mesmo diapasão da célula emissora. Nesse momento, há um choque que pode ser captado e estudado, utilizando-se a forquilha ou o pêndulo como ampliador das ondas, a fim de localizar e descobrir a natureza das radiações dos corpos, seja qual for a distância.

Segundo George Lakhovski, médico e radietesista, quando um pêndulo oscila, o pesquisador está na área de ressonância e todos os átomos do organismo vibram intensamente. O mesmo acontece quando uma forquilha se inclina, embora, geralmente, a jazida se encontre a centenas de metros de profundidade. A manifestação é o resultado do choque promovido pela ressonância, que, atravessando o corpo, age sobre a organização celular do organismo. Do choque, resulta uma ação elétrica, traduzida inconscientemente por reflexos mecânicos nos músculos, registrados sob a forma de pequenos impulsos – explica dr. Maes.

– Entretanto – continua –, o balanço do pêndulo não é tão mecânico assim, pois a faculdade radiestésica está no indivíduo. Os objetos assinalam o positivo, o negativo e o neutro. Durante séculos, a maioria dos radiestesistas procurava dissociar a prática radiestésica da mediunidade. A grande verdade é que o radiestesista é um médium, possuindo uma capacidade oculta que aprende a controlar e investigar durante suas pesquisas. Tal como o empirismo mediúnico, o empirismo radiestésico, após as primeiras e simples manifestações, adquire uma condição científica quando suas regras e leis são conhecidas.

Na verdade, a radiestesia é apenas um sistema que o homem tem para manifestar a sensibilidade psíquica própria de todos os seres. E quando falo de todos os seres, falo de insetos, aves e animais, pois a fonte é o psiquismo coletivo nas espécies inferiores e o psiquismo mais individualizado nos homens. É preciso deixar bem claro que a radiestesia não é uma prática divinatória. Há pessoas que utilizam cartas de baralho, borra de café, búzios, cinzas, víceras de animais, linhas das mãos, posições dos astros, copos d'água ou contas de cores. Eu uso pêndulos. Contudo, nenhum desses meios é divinatório. A faculdade de predição é inerente a determinados indivíduos e, por isso, uns usam pêndulos, búzios ou cartas de baralho, enquanto outros, mais racionalistas e intelectivos, preferem a pesquisa científica.

Diz Hercílio Maes que a capacidade radiestésica é algo comum, pois todas as pessoas são portadoras de psiquismo, mais ou menos sensíveis. Entretanto, conforme sua conscientização espiritual, terá um poder maior ou menor. Segundo as estatísticas, 60% das pessoas são radiestesistas inatas, 20% podem desenvolver a faculdade e as outras 20% são incapacitadas para a prática radiestésica, simplesmente por não possuírem ainda compreensão para prospectar o imponderável. Ou são intelectivos e racionalistas em demasia, o que os torna negativos. Para se entrar no mundo misterioso das forças ocultas é necessário, antes de tudo, fé. E acrescenta:

– Meus pacientes me vêm como um santo ou como um missionário. Pensam que não me alimento e que levito. Ora, eu gosto de todas as sextas-feiras tomar meia dúzia de copos de chope. Sou filho de cervejeiro. Classifico meu trabalho como uma tarefa da qual o maior beneficiado sou eu, pois, segundo as leis divinas, cada um recebe conforme sua obra. Portanto, tudo que faço me é creditado na contabilidade sideral. É um investimento que venho fazendo há algum tempo no Banco do Senhor. Devo já possuir algumas ações, de pouco dividendo, mas que reduzem as minhas dívidas do passado, quando, certamente, cometi erros na fase de inconsciência espiritual. Na minha tarefa, sou supervisionado pelo espírito de meu mentor, Ramatís, que me acompanha desde encarnações anteriores.

Além de Ramatís, sou assistido por um médico hindu, Navarana, por um homeopata francês, Victor Leferrière, e por um médico que viveu no Brasil, Luiz Navarro. Muitas vezes, à noite, os enfermos são operados por eles, com fenômeno físico de redução de herniária, normalização de glicemia, sustação de hemorragia, rompimento de tumores internos ou extinção de acessos de asmas brônquicas. Meu primeiro contato com Ramatís foi há 57 anos, quando eu tinha três anos e ele apareceu diante de mim completamente materializado, com seu turbante, uma pedra verde e sua cruz dentro do triângulo. Era um reencontro que, menino, não compreendi intelectualmente. Sensivelmente, contudo, reconheci o peregrino que viveu na Atlântida, há 28 mil anos, na Índia, entre os Vedas, há cinco mil anos no Egito, como grão-sacerdote, no reinado do faraó Amenófis IV, reencarnando como Fílon, em Alexandria. Em sua última existência terrena viveu no corpo de um bispo sino-indiano iniciado, chamado Ramatís. Atualmente, ainda opera como mestre nas tarefas dos teosofistas, conhecido por Koot-Homi, não se cingindo a uma doutrina ou princípio, buscando incentivar os conceitos de universalidade sob a égide do Cristo, através do código mental que é o *Evangelho*.

Além de radiestesista, dr. Maes é escritor. Como médium psicógrafo, começou a receber em 1948, também de Ramatís, uma extensa obra versando sobre os mais diversos assuntos espirituais. O primeiro livro foi *A Vida No Planeta Marte*. Depois, seguiram-se outros onze, entre eles: *A Vida Além da Sepultura, Fisiologia da Alma, A Sobrevivência do Espírito, O Sublime Peregrino, Magia de Redenção, A Vida Humana e o Espírito Imortal, Mensagens do Astral, Elucidações do Além, Mediunismo* e *O Evangelho à Luz do Cosmo*, obra em fase final de execução.

Advogado do INPS, ex-acadêmico de medicina, homeopata, radiestesista, médium psicógrafo e de incorporação, além desses seis instrumentos o doutor Hercílio conta ainda com mais um. Sua sétima ferramenta, que lhe foi oferecida por seus amigos espirituais, é o dom das operações astrais. E diz:

– Embora eu possa operar mediunicamente, não pretendo desenvolver faculdade. Não basta curar o corpo físico, que é a vestimenta provisória do espírito na matéria. É preciso também acabar com a doença da mente: a avareza, o ciúme, o orgulho, a vaidade, o ódio, a inveja, a crueldade e a maledicência. Felizmente tenho consciência de que minha tarefa homeopática-radietésica contribui para o despertar espiritual dos enfermos. Afinal, Deus não fundou departamentos punitivos nem estabeleceu provações, destinos atrozes e fatais para seus filhos. Nós colhemos o que plantamos. Todos os nossos atos, ações e propósitos são os responsáveis diretos pelo que encontramos. Assim, quando agravamos o espírito, ele sofre deformações e defeitos que devem ser corrigidos, tal como um veículo acidentado precisa submeter-se ao torno e ao maçarico para rodar novamente. É por isso que os espiritualistas aceitam e entendem o fato de o homem estar exposto a doenças como o câncer, o fogo selvagem e as esclerodermias. Sofremos carmicamente os efeitos das tolices, imprudências, mazelas ou crueldades das vidas anteriores.

Exigindo que os enfermos tenham se submetido a tratamento médicos, e muitas vezes só aceitando pacientes com recomendações médicas por escrito, Hercílio Maes faz absoluta questão de desvincular suas curas da imagem tradicional do curandeirismo espetacular e das longas filas de pátios de milagres. Seu tratamento, geralmente longo, requer sempre paciência do doente. Em suas receitas, instrui o paciente a não misturar as doses homeopáticas com chá, café, leite ou qualquer outra bebida. Adverte que, durante o tratamento homeopático, são contraindicados medicamentos à base de cortisona, mercúrio, antibióticos, drogas tóxicas ou entorpecentes. Também avisa que sua homeopatia, concentrada em altas dosagens, reativa os sintomas dolorosos das doenças crônicas para efetuar a cura no estado agudo, e lembra que a intervenção dos remédios humanos será inútil sem a higiene espiritual.

Anexo 5
Caderno da Bolsa dos Inéditos
(Curitiba, Edição de GERPA 1945)

O Polvo
Hercílio G. Maes

AQUELE HOMEM ERA REPULSIVO!

Ele penetrou no bar e, conforme lhe permitiam as pernas trôpegas, desconjuntadas, dirigiu-se para um canto onde havia pouca luz. Aninhou-se naquela penumbra, temeroso como um cão surrado.

Relanceou o olhar sobre os grupos que enchiam o bar do Gringo. Ninguém era suficientemente corajoso para fitá-lo demoradamente. Ele tinha consciência do seu medonho aspecto. Profunda era a dor que o exacerbava em face de lhe ser negada a solidariedade humana que tanto precisava. E ele, mais que todos, carecia desse fortalecimento. Vivia só e era terrivelmente feio.

Caminhava de maneira grotesca, igual a um gorila cujos membros se despregassem a todo momento. Enervava aquilo; causava angústia para quem o via. O seu corpo se agitava num espasmo epilético e depois caía para a esquerda, amontoava-se como um saco de farelo desapoiado.

Alguém mais impiedoso já o comparara a um condenado que fugira dos cavaletes de tortura, exatamente no instante em que o carrasco ultimava o suplício. Fugira, pois, no meio da tarefa.

E o que mais o torturava ainda era a cruciante anormalidade do sistema nervoso. Quando se esforçava para caminhar e romper os primeiros passos, ele só o conseguia depois que os seus braços se moviam aflitivamente. E, quando necessitava movimentar os braços, nunca o fazia antes que os pés tivessem rufado convulsivamente no chão.

Gringo, o dono do bar, era um brutamontes insensível à desgraça alheia e sempre achava de gracejar com a sua desdita. Certo dia, o italiano plantara-se à sua frente, sarcasticamente, e ficara olhando-o a dançar espasmodicamente no soalho untado de óleo grosso. Quando conseguiu se firmar nos pés esparramados, ele soltou uma gostosa gargalhada e exclamou:

— Rapaz, a tua moléstia é fácil!... Tu és gago dos nervos!

E, enquanto ele rodopiava os braços para mover as pernas, Gringo festejava a própria piada.

Refletia, agora, mais intensamente na sua pavorosa tragédia. Diante da humanidade, ele era um monstro teratológico; um ser cuja presença repugnava até ao malfeitor. As juntas frouxas que obrigavam-no a caminhar como um símio excêntrico não eram a única circunstância desventurada. Ah!... Mas o rosto!... Aquela face horrivelmente repuxada para o ombro esquerdo e que se confundia com o pescoço; a pele dura e recortada como o couro dum batráquio em metamorfose. Sua cara era larga, achatada e parecia esmurrada por furioso "boxeur". Completava-lhe o "facies" monstruoso, um profundo corte genésico que partia o lábio superior e corria para junto da asa direita do nariz, deixando à mostra uma parte dos dentes maldispostos.

Emoldurava-lhe ridiculamente a cabeça um espesso cabelo duro e rijo que principiava nos flancos do rosto, subia como sebe daninha até as bordas laterais do crânio, circundava todo o occipital e deixava à vista uma calva burlesca.

Era uma perfeita enseada de argila escura, cercada por uma costa de espinhos capilares.

Aquela gola de cabelo espetado, ele a cortava estropiadamente. O barbeiro do lugar negara-se a fazê-lo, alegando que "um coxo tão hediondo só podia trazer-lhe má sorte e espantar a freguesia". Então, ele se contentava em imitar um desleixado franciscano.

O infeliz aleijão meditava, diluído na sombra do bar.

Talvez, se ele vivesse num centro mais populoso, fosse mais despercebida a sua deformidade. Mas, naquela aldeia, sua figura se tornava lendária. A mais degradante nomenclatura já lhe fora destinada; chamavam-no de coxo, coruja, bruxo, o torto, o morcego e, ultimamente, generalizava-se o apelido de "Polvo", por rodopiar os pés ao caminhar.

Muitas beatas persignavam-se à sua passagem e as crianças fugiam espavoridas. As mães adormeciam os pequeninos assustando-os com a sua pseuda-presença junto aos leitos. As mulheres grávidas escondiam-se diante do perigo de encontrá-lo no caminho e estigmatizarem os seres que geravam. Os covardes e os pusilânimes da vida atribuíam-lhe tão nefasta influência junto de um enfermo, quanto a que a tradição confere ao cão que uiva.

— Aquele estropiado é de mau agouro!... É a parca traiçoeira! — clamavam.

Naquele ambiente medíocre, fortemente influenciado pelas lendas regionais, lavrava a superstição e descabidos fanatismos. Existia ainda uma porção de marmanjos que asseguravam ter visto "mulas sem cabeça" em correria doida pelas estradas "sacis-pererês", estrugindo gritos histéricos, e "boi-tatás", rastejando pelos atalhos.

Mais de um respeitável cidadão narrara o caso do falecido que fora atacado por um feroz lobisomem e da moça que amanhecera embruxada. Era natural, portanto, que todo o folclore de crenças se transfundisse na sua imagem repulsiva, e sentia-se agora o único responsável pela mitologia do sertão.

Meses antes, os mais destacados da vila tinham-se dirigido ao prefeito local para expurgá-lo dali. Aos seus ouvidos chegara o eco das considerações apresentadas: tratavam-no como "uma chaga viva que trazia em choque o senso estético da aldeia"; "um monstro degenerado que havia de estar praticando crimes na calada da noite". Imputavam-lhe a culpa de alguns crimes insondáveis e diversos roubos misteriosos nos arredores.

O prefeito, apesar de constrangido com sua deformação física, apiedara-se dele e lhe permitira morar na cabana de toros do ex-guarda-florestal, retirada quatro quilômetros da vila. Mas sempre uma onda desagradável se avolumava impiedosamente.

Soubera que todos os surtos epidêmicos e as moléstias contagiosas eram-lhe atribuídos à conta de maligna influência do olhar. Apontavam-no como possuidor da "jettatura", o nocivo poder conhecido e exagerado na Itália e que era causa de todo o azar.

Era fora de dúvidas que um ódio silencioso se acumulava contra ele e disso tivera prova substancial na noite anterior. Voltava para sua cabana de toros, encravada numa clareira do mato, quando uma bala atingira-lhe o braço esquerdo e providencialmente só ofendeu-lhe os músculos, saindo pela face oposta.

Precisava mudar-se o mais breve possível por causa dos fatos, que se precipitavam. Ninguém o queria bem e as fugazes manifestações de piedade, havidas anos antes, tinham-se transformado em ostensiva repulsão que, paulatinamente, o responsabilizavam de todas as atrocidades cometidas ali.

Por mais que atinasse, não conseguia lobrigar alguém que advogasse a sua causa, se porventura ocorresse alguma tragédia. Desde que um mais perverso ateasse fogo àquele ódio concentrado, havia o perigo de ser linchado.

Era certo que o Manoel lenhador e o preto Missânga dedicavam-lhe certa amizade, além de serem os noticiaristas de tudo o que diziam a seu respeito na vila. Graças aos dois, ele conhecia todos os pormenores dos habitantes. Mas, também, havia nisso uma certa razão. O Maneco era quem trazia as fibras vegetais para ele fazer os cestinhos, as escovas, as vassouras e outros objetos que o negro Missânga (por isso lhe adviera esse nome) se punha a vender, dizendo ser sua manufatura.

Os lucros eram repartidos e mais de uma vez os dois sócios o tinham levado no prejuízo. Que lhe importava isso? Bastava-lhe apenas o necessário para alimentos e o querosene para o lampião.

Mas, em contraposição aos dois, havia o Gringo. Este era quem lhe fornecia os alimentos pessoalmente, sem precisar dos dois malandros que seriam capazes de deixarem-no à míngua. Entretanto, cogitava agora de fazer ali sua última refeição. O italiano não devia andar bom da cabeça ultimamente. Muitos frequentadores do bar já tinham estranhado as suas exóticas atitudes.

Gringo era alto, atlético, com mais de um metro e oitenta e tinha o feitio de um gladiador vermelho, quase fulvo. Tinha ele mais de cinquenta anos, mas todos ficavam surpreendidos de ver tanto vigor. Os olhos eram felinos, sarcásticos e de brilho sensual. Entretanto, quando fixavam alguém obstinadamente, qualquer cousa de sinistro se formava dentro deles, lembrando reflexos alienados. Seus lábios eram finos e pareciam ter sido feitos com uma gilete, terminando agudos e cruéis nos cantos.

Então, o aleijado se recordava que o Gringo costumava olhá-lo de maneira singular e parecia sufocar um fogo violento que devia devorá-lo. Trazia-lhe comida, botava-a sobre a mesa e ficava mirando-o satanicamente.

E ultimamente dera para persegui-lo de modo esquisito. Sentava-se junto dele, no bar, enquanto ele comia, e depois os olhos se avivavam com um tom rubro:

— Não sei porque eu tenho vontade de te estrangular!... Tens um pescoço horrível! — dizia abanando a cabeça, agitado por uma ideia funesta.

Outro dia, quando lhe trouxe a refeição e se pôs a fixá-lo doentiamente, como de costume, soltara uma risada extemporânea e o olhar traía profunda expressão diabólica quando disse:

— Tens um pescoço horrível!...

Suas mãos de dedos grandes e longos, davam-lhe um ar de grande força, e ele crispou-as nervosamente ao falar.

Nesse mesmo dia, lembrava-se o aleijado, Gringo fizera uma pausa e, depois de se embevecer com recordações deliciosas, sorrira de forma a gelar o sangue nas veias de quem o assistia.

Após a divagação mental, dissera-lhe num tom cruel:

— Tu me fazes lembrar uma experiência que fiz quando moço. Ah!... Meu pai mandou-me carnear uma rês para o Natal. Tu sabes o que é carnear uma rês? Crava-se uma faca na garganta do bicho, estaqueia-se-lhe as pernas e o novilho parece pregado numa cruz!... Depois, então, uma faca bem afiada faz o resto: tira-se o couro com muito cuidado, sem pressa, entendeste? Pode-se ver o sangue correndo brandamente debaixo da pele, ou então, rápido, vivo e cintilante, como o fogo líquido! É pena que o sangue seja tão afogueado... Tão vermelho!... O vermelho queima, sufoca, devora...

E, com inexplicável entonação em que se lia algo de alucinado, prosseguira:

— Tão vermelho!... Havia de ser um sangue rosado, refrescante, sedativo...

E bruscamente atalhara:

— Ah! Sim!... Sabes que eu irritei o velho? Ele não me avisara que a rês tinha que ser liquidada antes e...
— Quer dizer que...
— Carneei-a viva!... Quando meu pai deu pela coisa era tarde!. O bicho já estava acabado! É verdade que demorou um pouco...

Gringo rira outra vez. Riso fino e perverso, traduzia a sensação de volúpia e sadismo que o impregnava naquele instante. Algum sinistro projeto devia estar tomando corpo na sua alma pervertida.

Na noite anterior, ele surgira com a comida, imbuído de nervosa agitação. Os olhos revelavam matizes mais enfermos e as mãos moviam-se sob o império duma força desvairada. Chegara junto à mesa e o prato, antes de ser pousado, foi atirado com violência.

O aleijado ainda estremecia recordando-se que o Gringo ficara fitando-o demoradamente, com um aspecto cada vez mais sanguinário e, aos poucos, parecia um fogo abafado. Subitamente, aquelas enormes manoplas ergueram-se como dois ganchos vivos e caminharam para o seu pescoço rígido e volumoso. E ele se encolhera aterrorizado no ângulo da parede do reservado, sentindo já, sobre si, os dedos crispados do italiano entontecido.

Felizmente havia mais gente no bar e um freguês que estava longe de saber o que acontecia, exclamou providencialmente:
— Gringo!... Mais cerveja!

Gringo ainda demorou a dar conta de si. Surpreendeu-se ofegante, a testa cheia de suor e o sangue todo vindo-lhe à flor da pele. Passou a mão pela fronte e sentiu-se exausto. Mas tudo isso não impedia a afloração constante da ideia obsessora, porque enquanto o freguês tornava a chamá-lo ele ainda disse, antes de se retirar:

— Tu sabes que eu já tentei medicina? Ah! Esse teu pescoço faz-me lembrar que eu fui cirurgião! Cirurgia... Cirurgia... entendeste?

Afastara-se de costas, lentamente, com as mãos agitadas.

O "Polvo" refletia na urgente necessidade de sumir da vila. Entendia que sua deformidade excitava a ânsia perversa daquele homem sádico. Uma degenerada obsessão estava criando vulto e breve podia ser uma completa realidade. Talvez uns restos da razão ainda impediam o extravasamento dos recalques que emergiam no cérebro embrutecido do italiano.

A história da rês carneada viva impressionara-o vigorosamente. Era um homem inútil para qualquer defesa de ordem material, embora possuísse acentuada sensibilidade intuitiva; e, fatalmente, sucumbiria às mãos de um demente. Não tinha medo da morte, mas não havia de querê-la sob tão arrepiante circunstância.

Todos os habitantes da aldeia tinham repugnância dele, evitavam-no sempre e agora o expulsavam dos lugares mais frequentados. Ora, o único que o suportara, até agora, fora o Gringo, que servia-lhe refeições e demais cousas, como o querosene. É certo que o atormentava continuamente com os mais degradantes insultos, e regozijava-se de verter o ácido da perversidade na sua deformação teratológica. No entanto, os últimos dez dias tinham sido enervantes: dos gracejos obscenos e cruéis, o italiano mudara para aquela perseguição enferma, entrecortada de histórias sangrentas e de sinistras insinuações. E, na véspera, ameaçara estrangulá-lo.

Assim, ele devia desaparecer o mais cedo possível. Havia de ser a última ceia no bar.

Então, volveu os olhos em redor e teve um pensamento desagradável. Eram mais de sete horas e a noite já se fizera. O bar estava quase vazio e dois ou três fregueses tomavam os derradeiros copos de vinho. Achou melhor desistir da refeição; mas a fome fê-lo mudar de ideia quando viu o Gringo aproximar-se com dois pratos de alimento sortido.

O italiano parecia consternado; jogou os pratos na mesa, sentou-se e ficou com o olhar abstrato, perdido numa imagem imponderável. Começou a fitá-lo daquela maneira extravagante e sinistra, como a cobra que fascina o pássaro incauto.

Subitamente, a fisionomia iluminou-se e aquela tensão interna pareceu crescer, ofuscar-lhe a mente. Levantou-se rápido e foi para os fundos como uma peça mecânica impulsionada por invisível alavanca. O aleijado tratou de engolir os últimos bocados e safar-se dali, pois notou qualquer cousa de mais grave nas atitudes do italiano. Assustou-se mais quando reparou que o bar já se esvaziara.

Quis movimentar-se, mas era tarde. Gringo surgia novamente pelo reposteiro do reservado, sobraçando uma caixa retangular e coberta de veludo negro. Silenciosamente colocou-a sobre a mesa. Seus gestos pareciam medidos; executava-os sob o império de profunda obsessão, enquanto os olhos faiscavam duma volúpia tigrina.

Tudo nele transparecia a materialização duma ideia fixa. Manuseava a caixa com infinito cuidado, como se fora valioso tesouro. Abriu-a e os lábios se arquearam estáticos. O aleijado estendeu o corpo para frente e sacudiu-se todo. Um frêmito de horror perpassou-lhe pela espinha e as pupilas dilataram-se, enquanto ele mirava acovardado o Gringo. Buscou em redor alguém que o socorresse, mas apenas as cadeiras vazias lhe responderam.

A caixa era um estojo de instrumentos cirúrgicos que estavam habilmente dispostos nos encaixes de baixo-relevo do veludo. Cada ferramenta encontrava-se caprichosamente envolvida por papel de seda impermeável untado de azeite.

Gringo parecia ter esquecido tudo a sua volta e algo de tenebroso germinava no cérebro embrutecido. Todos os seus gestos identificavam recalques mórbidos.

Suas mãos volumosas e avermelhadas deslizavam sobre os instrumentos; acariciavam-nos de maneira voluptuosa. Demoravam-se nesse singular trabalho; retardavam a sensação deliciosa; refinavam-na epicuristicamente.

Durou alguns momentos aquela impressionante tarefa, mas foi o bastante para o "Polvo" aquilatar a tremenda revelação que o encheu de pavor e lhe demorou o sangue nas veias.

Gringo enlouquecera!... Avaliava, agora, talvez muito tarde, as suas estranhas exclamações desconexas, as misteriosas reticências e a sensualidade com que ele recordava cousas dantescas. O garçom Hilário e a cozinheira Serafina tinham razão quando alegavam terem fugido do italiano porque ele vivia dizendo que havia de carneá-los para um Natal! Santo Deus!... Podia ter sido um gracejo, mas associava também a apavorante realidade: carnear uma rês! A obsessão! A ideia fixa!

Tudo isso agora se concatenava com nitidez, como um filme cinematográfico.

Recordava que o Gringo era considerado o melhor churrasqueiro da vila: chamavam-no para matar porcos, rezes, bois e aves. Embora isso não baste para denotar sadismo, sendo até uma cousa de utilidade comum, dizia-se que os bichos demoravam muito para morrer nas mãos do italiano. O doutor Fabiano, falecido há seis dias, não se cansava de explicar:

— O Gringo é limpo para retalhar um animal! Francamente — acrescentava o velho clínico, sacudindo a cabeça —, aquilo é uma verdadeira autópsia! Que arte! Pena que o italiano demore muito...

Evidentemente, ele sublimava os seus hediondos recalques dando escoamento à mórbida psicose na agonia dos míseros animais. Muitos já haviam-se surpreendido, porque metade da vila já evitava chamá-lo para as matanças.

A mulher do prefeito, que muito o ocupara antes, justificava agora:

— Seu Francesco é perito numa preparação para Natal e Ano Bom, casamentos e batizados. Mas desisti de chamá-lo, pois tenho dó de ver os animaizinhos em suas mãos! Embora ele diga que a demora deixa a carne mais tenra e saborosa, eu chego a crer que ele sente prazer em torturar os bichinhos.

Assim, a loucura fora surgindo paulatinamente, dissimulando-se em atitudes vulgares e que se confundia como excentricidades. Mas era fácil de compreender tudo e unir os fios da rede enferma. Onde havia matança, o Gringo se apresentava serviçal, e sadicamente parecia remoçar no âmbito dos matadouros. O sangue sempre o excitava, tornava-o jovial e comunicativo.

Quando o filho de Otávio Caldeira entrara no bar, gritando loucamente de dor, com a mão direita em frangalhos pelo estouro da pólvora da pedreira, o sádico italiano arregalara os olhos e soltara impiedoso gracejo que, na hora da balbúrdia, passara despercebido:

— Oh! Que caprichos do destino!... Parece um cravo rubro!... dissera curvando-se friamente para o infeliz menino.

A vila negara para Gringo a única válvula capaz de lhe

permitir extravasar os recalques sanguinários, isto é, a matança dos açougues. Ultimamente ele já se oferecera gratuitamente, mas as mulheres persistiam na atitude anterior. O Maneco português, menos destro e prático, já o substituía com mais simpatia. E por causa dessa providência tácita do povo (e aqui o aleijado estremeceu profundamente), o Gringo procurava outra válvula de compensação que permitisse-lhe a saída da emoção assassina que represava em si em crescente volume.

E era fatal!... Escolhera ele, um aleijão, para holocausto à sua sanha criminosa!

Seu corpo flácido, quebrado, a cara repulsiva, tétrica, que remexia a massa psicológica de qualquer ser humano que o fitasse, que provocava nojo, repugnância, comiseração, piedade e até ódio, era um excitante conjunto para avivar os impulsos desvairados de um louco como o Gringo. Tudo isso devia instigar-lhe todos os instintos inferiores, vergastar a morbidez e a fúria que ainda se prendiam a uns resquícios de razão, que impediam a saída de toda a loucura.

O "Polvo" rememorava essa sucessão de acontecimentos funestos, sob o guante de angustiosa expectativa. E era natural, porque o homem que lhe causava arrepios em pensamento estava ali, à sua frente, numa postura profundamente desumana. Avolumava-se o seu terror ao perceber o bar vazio e a escuridão da noite. Tinha que agir. Então, teve uma decisão rápida, vendo o italiano absorto na contemplação da caixa cirúrgica. Escorregou para a direita, agitou-se e se pôs de pé. Não possuía mais energia do que uma criança de doze anos e qualquer reação só lhe agravaria a situação. Dispôs-se, então, a fugir.

Qualquer cousa rumorejou na garganta do Gringo e ele espalmou a mão direita no peito do aleijado, empurrando-o brutalmente sobre o banco. E, intempestivamente, se pôs a falar apressadamente, entrecortado dum ranger de dentes:

— Brutos!... Miseráveis!... Ah! Eu os matarei!...

Projetou o queixo para frente, em direção ao aleijado:

— Sabes que já tentei medicina? Que eu sou médico?... Ouviste? Cirurgião? Cirurgião?!

Então, tirou as mãos da caixa e cerrou os punhos, batendo-os na mesa de forma trepidante. Intenso tremor nervoso sacudia-o dos pés à cabeça e os olhos fulguravam, vermelhos, injetados de sangue. O peito ofegava ruidosamente.

— Bandidos!... Eu os matarei!... Eu sou operador!... Eu preciso operar... operar. Eu tenho que operar... Ouviste?

A última palavra estrugiu num berro agudo, lançando mais pânico no aleijão. Gringo tinha a metade do corpo arremessada em direção ao "Polvo", na atitude do arvoredo rijo, nodoso e coberto de resina vermelha, que o vento furioso enlaça, cinge-o e puxa para si. As mãos pareciam vigorosas raízes pousadas sobre a mesa, semelhantes a duas gigantescas tarântulas fulvas.

Metia medo a sua estampa alienada. Os olhos foram-se dilatando, sob o poder de invisível reminiscência que ainda mais o exacerbava.

— O vácuo!... Maldito vácuo!... Canalhas!... Assassinos!... Eu... eu...

Fez um hercúleo esforço, mas toda a opressão sanguínea carregou-lhe sobre os olhos esgazeados, parecendo arrebentar-lhe o cérebro. Aos poucos, obscurecia-se o fragmento de razão e a degradação mental prosseguia inflexivelmente. A tensão mórbida se engrandecia e a luz clara derramada pelo "Petromax" foi-se avermelhando. Tudo se coloriu dum vermelho vivíssimo: a mesa, o reposteiro, a luz, os instrumentos e a cara do "Polvo". A cortina etérea e sanguinária foi envolvendo sua mente transtornada, e na retina tudo ia criando formas bizarras que avançavam para ele como enormes camarões fulvos e lagostas fantásticas que bailavam igual às infernais salamandras. Uma zoada infernal agitava-se-lhe nos ouvidos: ouviu alguém gargalhar e agora eram as suas próprias mãos que estrangulavam lagostas e camarões. A operação!... A operação!... Palavras, ecos de palavras, retalhos de vocábulos escaldantes como o fogo batiam-lhe nos tímpanos alucinados: "assassino... sádico... assassino... monstro... car... ras... co... band... sádico".

Então, ele atirou-se de encontro a tudo aquilo: dilacerou-se, torceu-se, gritou e sempre aquela cousa que o vencia e que mais o feria. Tudo queimava, escaldava e havia sempre os malditos varões de fogo! Ah! O maldito vácuo!... O fogo!... Agora não podia mexer as mãos!... Malditos!...

Urrou, gritou e gemeu até que ficou exausto. Aos poucos,

aquilo tudo foi fugindo, diluindo-se, esfumaçando-se num fluido cor de laranja madura. Ofegava e a cor de laranja se transfundia, aos poucos, para a luz natural do lampião. Os resquícios de razão bruxulearam novamente e ele teve consciência dos lábios feridos, sangrando, e da cabeça contundida das investidas contra a parede. Surpreendido e irritado, verificou que as mãos estavam cruzadas sobre os rins, rígidas e machucadas. Lembravam uma camisa de força!

O "Polvo", que o fitava aterrorizado pela medonha cena que assistira, compreendia que o Gringo não vivera apenas em mente alguma recordação dantesca do passado; ele cumprira-a em gestos e atos, e o sangue que escorria dos seus ferimentos fora decorrente dos encontros furiosos com a mesa e as tábuas da parede.

O italiano parecia ter voltado a si, e houve uma expressão que quase assegurou essa convicção. Mas foi rápido e fugaz. O sangue nas mãos associaram-no outra vez à outra imagem alienada que o obsedava: ele tornou a ser envolvido pela onda vermelha e as mãos do aleijado, esparramadas sobre a mesa, surgiram-lhe na divisão deformada como as patas duma rês. E ele, então, calcou sua vigorosa manopla naquela pata que o excitava, apanhou o bisturi com a outra e todo o fluxo recalcado e retido há tempos se condensou, fluiu em direção àquilo que estava à sua frente, flácido, tentador e à sua mercê.

O "Polvo" estava perdido!

Entretanto, no recôndito do cérebro de Gringo, em que costumava oscilar os vestígios da razão, uma voz foi-se avivando:

— Seu Francesco!... Seu Francesco!...

Aos poucos, a voz tomou corpo, invadiu toda a zona mental enferma, que crepitava em cor rubra, e foi dominando sob inflexível determinação. Agora ela já parecia bater nos tímpanos:

— Seu Francesco!... Seu Francesco!...

Então, Gringo percebeu que aquilo vinha de fora e instintivamente voltou a cabeça; e o aleijado gemeu ao arrancar o bisturi do dorso da mão. Atrás do homem que o chamara com vigor, sacudindo-lhe os ombros, estava um vulto feminino, com as mãos em forma de prece e que parecia ter orado com contrição. O louco ouviu uma exclamação que fê-lo estremecer:

— Graças a Deus!... — pronunciou o vulto feminino.

O homem curvou-se, deu-lhe água da moringa, enquanto ele esfregava os olhos, atônito e profundamente exausto. Viu o aleijado à sua frente e a transitória figura duma rês ainda ondulou sob a vista transtornada. Levantou-se maquinalmente, com ar idiota, inexpressivo, fitou o homem e a mulher, não os vendo, provavelmente porque se pôs a caminho do salão. Repentinamente, voltou como um cão raivoso, empurrou-os, juntou as ferramentas na caixa, e o olhar que pousou no "Polvo" gelou-lhe o sangue nas veias. Então, saiu cambaleando em direção à cozinha.

Do meio da penumbra, o "Polvo" curvou-se para ver os seus providenciais salvadores. Os recém-chegados não puderam conter-se diante de tanta feiosidade, embora tivessem intenções de não agravarem aquela desdita.

— Desculpem-me — falou o mísero com profunda consternação —, a minha presença é insuportável!

Depois de curto silêncio, o homem falou:

— Tranquilize-se! Sabemos compreender os nossos irmãos terrestres!

Todavia, tinham sido tão angustiosas aquelas palavras, que ele se sentiu no dever de acrescentar:

— Oportunamente, havemos de conversar a esse respeito. Hei de estender-lhe a minha mão!

E, mudando de tom, fingindo ignorar a hediondez do interlocutor, indagou, depois de relancear o olhar em volta:

— Que é feito do dono do bar?

E, com voz significativa:

— Penso que ele projetava algum plano diabólico, não é verdade?

O aleijado estremeceu diante da recordação e sua voz sumida se fez ouvir:

— Nunca poderei pagar-vos por essa intervenção! Sinto-me exausto e com os nervos arrebentados. Aquele homem está louco!... Devem-se afastar daqui, imediatamente!

Sua própria advertência trouxe-lhe a ideia de fugir dali. Levantou-se, mas ainda se recordou da sua horrenda figura e, a fim de não expô-la à frente dos chegados há pouco, procurou contornar o círculo luminoso do lampião.

O homem percebeu sua dolorosa preocupação e resolutamente interceptou-o, obrigando-o a descobrir-se debaixo da luz. Então, disse-lhe de maneira amistosa:

— Chegamos há pouco aqui nesta vila. Eu sou o novo médico e Virgínia, minha filha, é a professora recentemente nomeada. Em vista do atraso da deligência, pretendíamos cear aqui, conforme nos aconselharam. Entretanto, parece que seu Francesco piorou da loucura!

O "Polvo" perguntou-lhe, cheio de surpresa:

— O senhor sabe que ele está se desequilibrando?

— Conheço-lhe a história e não me foi surpresa vê-lo assim!...

Um ruído se fez à retaguarda. Gringo surgira. Tinha a fisionomia atarantada e se assemelhava a um indivíduo que curte as libações alcoólicas da noite anterior. Notava-se no olhar a primitiva aparência de sadismo.

— Que querem — disse bruscamente.

— Cear.

Demorou uns segundos a coordenar as ideias e saiu maquinalmente em direção à cozinha. Breve retornou com ar apático.

— Agora não! — explicou cansado. — A cozinheira já se escapuliu! A cozinheira, sabem?

A última palavra traía abafado nervosismo. Pôs a mão na testa, desejando afastar os indícios da tremenda larva mental.

O homem não perdeu tempo:

— Tem pão, peixe, conservas e água mineral?

Minutos depois, tudo estava empacotado. O italiano agia sob a influência de excessiva depressão, que o obrigava a executar gestos inúteis e inconscientes. Algumas vezes, uma conclusão agitava-o internamente, e sobre a superfície do corpo se traduzia como um estremecimento produzido por corrente elétrica. Os olhos aumentavam e diminuíam de brilho, sempre sob o domínio alienado.

O aleijado quis aproveitar essa trégua para se pôr a salvo, e o médico e a professora, extremamente contristados, tiveram de apreciar-lhe as espasmódicas agitações. Apiedaram-se profundamente daquela agonia igual aos estertores dum afogado. Os braços moviam-se como as pás dum moinho humano, antes que as pernas arrastassem o flácido organismo.

Gringo entregava o pacote de comestíveis para o médico quando o "Polvo" se pôs a andar. Então, ficou com o pacote no ar e foi acompanhando gradativamente todos os movimentos do objeto de sua obsessão anterior. Farejava a vítima, que se escapulia, e parecia ter-lhe despertado o propósito mórbido. Mas o acesso anterior deixara-o debilitado e exausto, e apenas um olhar febril e fixo denotava o momentâneo repouso da causa demente.

Mas, subitamente, o olhar delirante foi interceptado na trajetória por uma forma que ficou à sua frente. Bateu em cheio no rosto de Virgínia, a filha do médico, que estava debaixo da luz quase branca do "Petromax".

Gringo teve um vigoroso estremecimento; a fisionomia tornou-se estática e o lábio inferior, fino e laminado, descerrou-se e caiu numa expressão quase obscena. A respiração ofegou-lhe o peito e, pela boca entreaberta, o ar silvava de leve, como a refrescar escaldante sensação.

Havia na jovem uma característica singular que incitou a psicose do bruto. Ela vestia um traje de viagem, cor de verde-mate, com golas e punhos creme, que lhe cobria o corpo bem-feito e cheio de carnes.

Neta de flamengos e filha de brasileiros, resistira à investida do sol tropical que nem pudera escurecer-lhe os cabelos dum louro quase prateado, nem tostara-lhe a pele de boneca europeia.

Era uma mulher bonita, capaz de contentar o mais exigente bom gosto. Embora as linhas da fronte denotassem um espírito de certa virilidade intelectual, era notável a expressão de candura e docilidade. Mas era a cor da cútis, feita de um rosa esmaecido, como os pêssegos da Califórnia, o que mais atraía e encantava em toda a sua pessoa. À luz medíocre do lampião, aquele rosa pálido perdia muito da sua beleza, mas para a visão demente do Gringo fora-lhe uma sádica revelação.

Esqueceu completamente a imagem teratológica do "Polvo" e a sanha desvairada de retalhá-lo. Esfumou-se tudo para dar lugar a essa outra figura, cuja pele aveludadamente rosada era uma tentação às suas idiossincrasias anormais. Na sua mente desequilibrada, aquele rosa quase transparente subia etericamente pela luz e se derramava suave pelos seus ombros, pela sua testa escaldante, pelos lábios ressequidos. E nascia, outra vez, a volúpia, o êxtase que lhe relaxava a compleição física e lhe aliviava a tensão mental. Depois, uma cousa doce, macia e sedativa: era a sensação feliz de ter encontrado a concretização dos seus sonhos dantescos.

Não podia despregar os olhos daquelas faces, nem desejava fazê-lo, tal era o seu enlevo. Mas o médico entendera a súbita mutação e pudera apreciar os desdobramentos psicopatológicos que absorviam os últimos lampejos da razão. Gringo, como personalidade, desaparecera para dar lugar a uma ideia obsessora. E essa ideia passaria a criar corpo, a evolver-se continuamente até poder realizar uma funesta materialização.

O próprio aleijão apanhara facilmente todos os matizes alucinantes da demência em ebulição e regida por uma ideia fixa. Estancara junto à porta, percebendo a terrível verdade e o grande perigo: o louco já o substituíra na tela alienada do cérebro pela imagem da professora!

— Ela tem a pele cor-de-rosa!... — murmurou aterrado.

Efetivamente, o italiano via, na imaginação, aquele rosa tentador, acetinado e macio que o levava ao paroxismo de estranho gozo e insinuava-lhe sinistras possibilidades. Todas as figuras fugiam-lhe da retina, roubadas pela fonte rosada... A cor rosa! Como devia ser belo aquilo flutuando, vaporizando-se, derramando-se pelas carnes da jovem! Como devia ser diferente daquela rês, demasiadamente rubra! Ele estava enfastiado do vermelho escaldante!...

Ainda com o pacote na mão, a face demoniacamente sensual, fez um gesto de aproximar-se de Virgínia.

O médico percebeu o perigo no gesto instintivo.

— Vamos!... — ordenou com energia, agarrando o braço da filha.

Quando passou junto do "Polvo", que já ensaiava as bárbaras convulsões, disse-lhe autoritário:

— Venha comigo!...

E quase arrastou-o consigo pela rua principal da vila.

Virgínia estendeu a toalha sobre a mesa, cortou pães, desempacotou café e pôs a água a esquentar. O médico abria as latas de conservas, desajeitado.

O "Polvo" metera-se no canto mais escuro, onde a luz do lampião belga não o iluminava, além das pernas frouxas. Por precaução, tinha a cabeça baixa, mas quase se lhe distinguia a calva de cor barrenta e circundada pela gola de cabelos duros.

Foi quando Virgínia, como uma voz que ele classificou de divina, disse-lhe:

— O senhor tenha a bondade de sentar-se aqui!

E apontou-lhe a cadeira junto à cabeceira da mesa, dentro do círculo de luz.

— Oh! Não! — exclamou ele, quase num grito de aflição. — Eu... eu... prefiro aqui!

— Este é o seu lugar — insistiu a jovem de maneira decisiva.

E o médico, suspendendo o trabalho nas conservas, acentuou:

— O senhor deve sentar-se ali! Percebo o seu pensamento, mas nós não nos preocupamos com a boa ou má qualidade da matéria que compõe os corpos físicos. O que nos importa é a qualidade do espírito; e quanto ao seu, julgo conhecê-lo em parte.

Isso era demais para ele! A maneira fraterna com que o tratavam agora, sem que tivesse aquilatado tais possibilidades, deixavam-no atarantado. Olhou-os extasiado, temendo que tudo se esfumaçasse novamente, trazendo-lhe a odiosa realidade daqueles olhos que o miravam nas ruas, com manifestações de asco e cólera.

Tentou ainda dissuadi-los da condescendência:

— Convinha eu ficar aqui, principalmente para a moça. Ainda não me viram detalhadamente e não temo confessar: eu sou feio... muito feio!...

Virgínia sentiu o coração confranger-se. Afastou a cadeira da mesa, segurou-a pelo espaldar e disse bondosamente:

— Eu creio que isso não deve impedi-lo de ser um cavalheiro e aceder ao meu convite.

Tal maneira de lidarem com ele, destruiu toda a possível resistência. Caminhou trôpego, agarrando-se à mesa e fazendo esforços para encobrir as perturbações dos nervos. Sentou-se, enquanto o médico punha "pickles" nos pratos e começara a fitá-lo com um ar de simpatia.

— O senhor chama-se João — principiou o médico, sem qualquer preliminar —, e nasceu das relações de uma africana com um russo. Seu pai era capataz de minas e, quando o senhor veio ao mundo, sua mãe jogou-o às portas dum orfanato e ali criou-se ostensivamente isolado, em virtude da cruel deformidade física. Paradoxalmente, sua frágil constituição resistiu à uma dose de arsênico, mas, infelizmente, o tóxico repuxou-lhe os músculos da face para o pescoço, quase confundindo-os. Desde que todos votavam-lhe brutal desprezo, atirou-se avidamente à leitura de tudo o que lhe caía às mãos e assim conseguiu relativa cultura no terreno filosófico e psicológico. Sei que ultimamente pôde assenhorar-se das leituras espiritualistas elevadas e alcançou o panorama espiritual de sua origem. Certo dia, o aposento em que estava segregado, incendiou-se e, antes de cuidar da pele, o meu amigo quis salvar os livros, não é verdade?

O "Polvo" ouvia-o boquiaberto, pelos detalhes mínimos de sua vida.

— É verdade! — exclamou surpreendido. — Os livros eram os meus únicos amigos, silenciosos mas leais.

— E o senhor foi infeliz na deliberação. Por ironia da sorte tropeçou num volume e caiu no braseiro. Quando acudiram-no estava mais desfigurado!

— Sim. Foi isso mesmo. Minha situação física piorou, tornei-me mais feio; as brasas esburacaram-me a pele do rosto.

A palestra foi interrompida por Virgínia, que servia o café exalando um aroma tentador. O pão estava cortado em fatias e ela passara bocados de salmão com "pickles".

— Que pena faltar manteiga! — disse com toda a naturalidade, dirigindo-se a ele.

Tinha noção exata de sua hedionda figura junto à toalha branca da mesa e ao semblante formoso da professora. Como conseguiam suportá-lo? Que é que os movia a tanta comiseração, estendendo mão fraterna para quem não os poderia retribuir?

Depois, o médico tocava nas cousas mais trágicas a seu respeito, usando duma simplicidade que o espantava. Nada de palavras de piedade que tanto o angustiava. Lidava com ele como se lida com um homem normal e são, assim como ele próprio sempre desejara. Parecia também ignorar a sua monstruosidade física e, se não o consolava, pelo menos não demonstrava repulsa. Por pouco, não se punha a conversar calma e jovialmente, como o mais comum dos mortais.

— Sirva-se! — disse o médico, estendendo-lhe o prato.

Virgínia encheu a xícara de café, passou-lhe o açucareiro e ele pegou-o, trêmulo, quando sua mão de batráquio se aproximou daquele braço de fada. Chegou a mirá-la acovardado. Mastigou silenciosamente e bebeu café com todo o cuidado, buscando portar-se com a máxima delicadeza.

— Desculpem-me! — disse humildemente. — Mas não pude entender a importância da minha vida em sua bondosa existência.

O médico olhou significativamente para a filha.

— É a importância que tem para nós qualquer ser humano!...

E depois de engulir um sorvo de café:

— Minha filha e eu conjugamos aos deveres quotidianos a obrigação de auxiliar as soluções espirituais do nosso próximo. Depois do recente falecimento de minha esposa, resolvemos colaborar no interior, onde a ignorância e o sofrimento são mais extensos. E isso é mais fácil!

— Fácil?

— Sim. Sempre há lugar para um médico e uma professora no interior, quando a maioria prefere as cidades populosas. Antes de vir, eu colhi o maior número de dados referentes às pessoas tidas por mais infortunadas. Assim, foi-me possível saber de sua vida com uma certa riqueza de detalhes.

O "Polvo" sentia-se extasiado diante da fonte amiga que Deus lhe enviara. O peregrino que atravessa o deserto, achando-se com a garganta ressequida e os lábios intumescidos por necessitar de um pouco d'água, e que encontra subitamente um oásis dessedentador, não ficaria mais jubiloso do que ele. No deserto de sua vida encontrara um oásis espiritual. Poderia, agora, mitigar a sede de conhecimentos e contemporizar a sua desdita.

— Conhecemos a atmosfera medíocre desta vila — prosseguiu o médico. — Temos de desvencilhar cérebros rotineiros de todos os obstáculos que lhes dificultam o progresso natural da vida. Necessitamos romper círculos demasiadamente egocêntricos, voltados para um fanatismo perigoso. Virgínia semeará nas mentes das crianças os germes das ideias mais lógicas e sãs a respeito da fraternidade humana. Eu tentarei selecionar, nos emancipados, os pensamentos mais evoluídos e estimulá-los para uma aplicação aos melhores objetivos da alma.

O aleijado estava atônito. Aquele homem falava em cuidar dos outros, em interessar-se pelos seres humanos, parecendo que tudo se enquadrava dentro dos princípios duma renúncia religiosa. Seria possível haver entes assim no mundo, que tudo fizessem desprendidamente, isentos até duma personalidade egoísta?

— Qual é sua religião? — perguntou ansiosamente.

O médico trocou outro olhar com a filha, que parecia esperar por essa pergunta:

— Seria esquisito eu definir-lhe com exatidão. Apenas posso sintetizar-lhe que meu templo é a vida, meu santuário é o coração e o sacerdote que oficia é o meu espírito. A oferenda é sempre para Deus! E eu procuro ser, sempre, em todos os instantes de minha vida, um bom sacerdote.

Então, refletiu o "Polvo", ele, embora um monstro teratológico, também podia oficiar para o Criador. Tinha o templo e o santuário. Sua alma estava estruturada anti-esteticamente num organismo deformado, mas isso não a impedia de ser um sacerdote. Mas havia uma cousa! Com que intuito Deus o fizera tão horripilante? Então, dirigiu-se para o médico de maneira súplice:

— Entendi seu pensamento, mas o meu coração é um santuário segregado da vida. Deus desapiedou-se de mim!

— Nunca culpe Deus das nossas imperfeições. Cada um colhe o que semeia e Deus se manifesta tão intenso em nós, quanto o permite o vaso das nossas próprias perfeições. Meu amigo não foi castigado. Apenas modifica, agora, os desvios que alhures exerceu quando habitava algum organismo mais privilegiado. Crê que, na realidade, seu espírito seja esse monstro de carnes burlescas?

— Foi o que me impediu o suicídio, até agora, a convicção perfeita de que meu corpo é apenas uma veste deformada. Sinto o meu espírito transcender, flutuar e ter aspirações tão nobres quão impossíveis para uma matéria como esta.

O médico teve um sorriso ascético:

— Folgo em ouvi-lo assim, meu amigo! — exclamou com sincero entusiasmo. — A expressão teratológica do seu organismo permite a meditação constante do seu espírito e obriga-o a lapidar-se diante da humilhação a que é forçado aceitar. Um corpo formoso e viril exaltaria demasiadamente o seu espírito, que, provavelmente, já exorbitou da solidariedade humana.

O aleijado se deslumbrava, ouvindo do médico, conceitos que quase os punha em dúvida por falta de melhor entendimento e assimilação. Ousou ainda indagar:

— Muitas vezes o desânimo me acomete porque não consigo encontrar o sentido de minha trágica existência.

— Tenha fé na vida, amigo! Nada caminha à revelia do Criador! As vicissitudes da Terra são estiletes que lapidam o espírito, assim como o cascalho se transforma em diamante!

O "Polvo" compreendia a generosa preocupação daquele homem em confortá-lo. Achava-o demasiadamente digno para ser o seu preceptor, mas sentia uma deliciosa sensação de alegria, quase infantil, ouvindo alguém muito nobre catalogando-o no número dos seres que Deus criara.

Sua timidez quase o impedia de perguntar.

— Eu tenho fé na vida — replicou delicadamente —, mas às vezes quase me desiludo com o meu horrível vestuário de carne. É preciso invulgar coragem para aturá-lo!

— O corpo é o de menos importância — sentenciou o médico —, diante da eternidade. Minha filha e eu procuramos identificar a alma dos seres humanos, antes de examinarmos as características físicas. Temos encontrado monstros espirituais em formosas moradas físicas, e também já encontramos excelsas almas em corpos monstruosos.

O aleijado abaixou a cabeça pensativo, e o que aquele homem endereçara ao seu coração fora demasiadamente pródigo. Auferira-lhe, para o espírito, qualidades e sentimentos que não julgava possuir. Sentia uma nova disposição para a vida, um desejo de colaborar com seus benfeitores.

Repentinamente, uma ideia aflorou-lhe ao cérebro:

— E o Gringo! — exclamou quase intempestivo. — Conhece-o?

O médico foi até junto duma pasta, retirou uma folha de papel datilografado, retornou e leu:

> Francesco Giurdinelli, ex-médico em Bolonha, Itália, foi proibido de clinicar em virtude de se agravar o seu esta-

do mental, de cuja debilidade já dera mostras no decorrer dos estudos. Surpreendido quando operava sadicamente um cliente que veio a falecer, teve um acesso furioso e foi internado no Hospital Psiquiátrico, de onde saiu oito anos depois. Herdou pequena fortuna e veio para o Brasil, onde não obteve registro do diploma em virtude das informações da Sociedade Médica Bolonhesa. Conforme últimas informações, possui um bar na vila de Rapozos, embriaga-se regularmente e pratica certas excentricidades.

O médico guardou a ficha e explicou:

— Já vê o meu amigo que nós sabemos o perigo pelo qual passou no bar, na noite de hoje. Francesco, quando jovem, revelou-se um perigoso sádico.

Passavam de onze horas quando o "Polvo" se despediu do médico e da professora. E ambos já iniciavam a tarefa de socorro a ele, porque ofereceram-lhe seus préstimos e diversos gêneros alimentícios. E, como ele tinha falta de querosene na cabana, apesar de todas as relutâncias, teve de aceitar uma garrafa cheia de líquido.

Mais tarde, o médico havia de aquilatar o favorecimento daquela simples oferta, diante do papel que a garrafa de querosene teve nos acontecimentos.

Ninguém suspeitava que aquilo acontecesse tão cedo. Um estremecimento de susto e horror dominou os habitantes quando Virgínia desapareceu misteriosamente.

Sabiam que o aleijado fora recebido, por diversas vezes, na casa do médico e muito ajudado por Virgínia. O cabo Heraldo afirmava que o tinha visto uma porção de vezes rondando a professora, quando ela ia para a escola pela manhã.

O leiteiro Tomaz fora o último que a viu. Tinha ido muito cedo levar o leite lá na casa dos Seixas e, na volta, cumprimentou Virgínia quando encontrou-a já na estrada grande. Deviam ser sete horas e 45 minutos da manhã.

A casa do médico ficava quase no centro da vila, mas a escola era retirada uns trezentos e poucos metros, edificada nos terrenos da igreja. Tinha sido construída ali, no meio de luxuriante vegetação. As crianças, assim, podiam orar na capela, antes de iniciarem as aulas. A estrada que servia para essa comunicação, escondia-se uns cem metros no meio dum mato fechado e orlado de sebe viva.

O coletor ligava acontecimentos e se recordava de ter visto o "Polvo" sondar a jovem, detrás da sebe que fica entre a casa do médico e a igreja.

— Aquele demônio deve ter feito alguma patifaria!... — exclamou, fechando os punhos.

Hortêncio, o dono do hotel, que sempre vivia em animosidade com o prefeito, disse:

— O culpado disso é o prefeito!... Aturar aquele monstro na cidade!...

Ninguém ousava atravessar aquele trecho durante a noite, cujo receio mais se agravara diante das estranhas lendas contadas acerca do "Polvo". Mas parecia um caminho inofensivo à luz do dia e, entretanto, ali o Tomaz tinha visto a professora penetrar e ninguém mais viu-a sair.

Havia chovido um pouco na noite anterior e a manhã estava nublada. A estrada abria-se junto à escola, num tapete lamacento, de cor avermelhada.

O médico ficara assustado quando o filho do Miguel viera saber, por ordem do cura, se podia dispensar as crianças da escola, pois já eram dez horas e Virgínia ainda não aparecera. E mandava perguntar como ela estava.

Fez-se, então, o rebolico na vila e a notícia se alastrou como fogo na pólvora. O delegado crispava as mãos, agitado:

— Doutor Euclides, tenha coragem!... — dizia enfaticamente. — Eu nunca quis falar, mas o senhor deu muita confiança para aquele monstro!... Aqui andam as patas dele! Preze os Céus que eu me engane!...

O negro Missânga, que vendia os artefatos feitos pelo aleijado, fora interrogado com energia, porque alguém o tinha visto falando com o "Polvo". Mas o diabo do negro era manhoso e não se explicava:

— Uhé!? — replicava velhacamente. — Suncês vão lá na cabana!? Dacum pôco vão dizê que fui eu!...

Simplesmente Hercílio

E, como desejava ficar com o dinheiro da última venda de artefatos, lesando também a parte das fibras do Maneco lenhador, arrematava ardilosamente:

— Inté ônte eu paguei u'a dívida que tinha cô ele!... Que pena!... Agora, sabê onde tá num sei!...

A vila comentava o trágico acontecimento e a notícia circulava vivamente: "O "Polvo" havia roubado a professora e fugido não se sabe prá onde". Devia tê-la matado. Havia quem afirmasse, precipitadamente, que ouvira uns gemidos ali por perto. Os detalhes se conjugavam e já não era segredo a sinistra ronda que ele exercera sobre Virgínia. Todos tinham-no visto, e os mais irresponsáveis coloriam as suas explicações sob o véu de vil fantasia. Até nos telhados das casas, já o tinham visto a uivar como um fantasmagórico lobisomem.

O pároco, que era incapaz de acusar alguém, obtemperou com ar penalizado: "Existem dessas cousas, meus filhos! Os sapos só se apaixonam pelas estrelas". Todos compreenderam: o "Polvo" não pudera dominar a paixão que sentia pela professora e raptara-a para satisfazer o seu amor pecaminoso.

O filho do Miguel, guri metido e ativo, logo atalhou:

— Eu vi ele espiando a professora lá na escola!

Infelizmente era verdade. O cura confirmou. O monstro rondara a jovem, desobedecendo a ordem do prefeito que o proibia de ir até lá, a fim de não assustar as crianças.

— Que horror! — exclamou a mulher do coletor.

Muitas mulheres choravam, e outras, de mãos postas, contritas, faziam promessas pela salvação de Virgínia.

— Pobre da Virgínia!... — apiedava-se a senhora do Seixas. — Era um anjo! Quanta bondade! Como é este mundo!... O Tonico e a Maria eram loucos por ela: levavam-lhe doces e frutas. E como já sabem ler! Ah! Meu Deus!... O que será da pobrezinha!

O médico tinha a fisionomia impassível. Ele ainda não aquilatara bem a angústia e a dolorosa surpresa. Talvez, houvesse se enganado nas suas deduções psicológicas sobre o aleijão. Não compreendia como ele pudera dissimular tanto e iludi-lo a ponto de encobrir os sádicos matizes teratológicos da alma. Tivera-o sob enérgicas reações psíquicas, sondara-lhe o grão de espontaneidade e julgara obter o exato conteúdo espiritual. Havia-o catalogado como uma alma nobre e digna; pretendia vê-lo igual a um raio de Sol iluminando sórdido monturo de carne! Virgínia também; nunca se queixara do menor desdouro feito por ele. Sabia, entretanto, que o aleijado lutava com tumultuosa paixão por ela, mas a síntese psicológica provava a impossibilidade dum ato degradante. E agora devia-se conformar: enganara-se! A dissimulação fora evidente e hábil para atingir aquele tremendo acontecimento, sem que ele, um exímio analista espiritual, houvesse, sequer, suspeitado.

Entretanto, o cura dissera toda a verdade: "Os sapos apaixonam-se pelas estrelas". Era-lhe forçoso reconhecer a funesta realidade, embora teimasse em apegar-se à imponderabilidade dos fatos. Ergueu os olhos, como se buscasse recursos no Céu. Mas seu aprimoramento espiritual o identificava com Deus: sentia-O junto a si mesmo, assim como exortava os outros a senti-LO. O espírito do Criador está em tudo o que criou, manifesta-Se em toda a obra.

E Virgínia e o "Polvo"? Não seriam eles centros de consciências individuais dentro da consciência de Deus? Que os diversificava um do outro, senão as diferenças estéticas das matérias? O sopro divino havia de tê-los bafejado na origem espiritual com a mesma solicitude. Seria, então, uma luta de formas, presas a todas as tendências organogênicas e que arrastava também os espíritos encarcerados? Virgínia, espírito mais aprimorado e digno de privilegiada matéria, devia ter evolvido de eras mais remotas, seria mais avançado em idade sideral. O "Polvo" talvez, alma inexperiente, que surgira de pouco, fragmentando-se na infinita massa espiritual, não se libertara ainda dos impulsos inferiores dos organismos físicos que lhes serviam de palco para os aperfeiçoamentos eternos.

Toda luta significa ensejo de melhora: entre o algoz e a vítima há sempre a oportunidade de perdoar. Embora, todas as movimentações morfológicas assumam, aos olhos físicos, característicos hediondos e trágicos, no âmago das cousas há sempre a essência espiritual fazendo aquisições evolutivas. O mesmo lodo que repugna é o que produz o lírio.

E isso prova que Deus está em tudo, porque se Ele não vivificasse a própria lama não havia de ter perfume a flor que nela nasceu! Assim, o Onipotente palpitaria tanto em Virgínia como no "Polvo"... Era quase um sacrilégio, mas era a verdade!

O médico rebuscava na mente os mais confortadores conceitos para sua própria dor. Sua gigantesca construção espiritual estava sendo provada calorosamente. Submergia-se também sob o guante da dor paternal. Todas as convicções admitidas eram, naquele momento, insuficientes para consolá-lo.

Olhou em volta. Uma porção de homens, rapazes e crianças, respeitaram sua dor até aquele instante e, depois, num só movimento instintivo, foram apanhando enxadas, foices, garfos, facões e o que encontravam à mão.

Cada um deles manifestava idiossincrasicamente sua animosidade contra o "Polvo". Estampava-se-lhe nos olhos, os matizes de ódio e de vingança.

O Maneco lenhador e o preto Missânga, os relativos amigos do aleijado, contentaram-se, cada um, com uma acha de lenha; porém, o carvoeiro Ladislau, que perdera a cabana onde dormia quando se embriagava pelas vendas da estrada, além da enxada juntou também uma foice.

O delegado apenas examinara o revólver. Como autoridade representativa do governo, sabia que o dever da polícia é não permitir linchamentos. Compenetrava-se, pois, dessa divisa de aspecto civilizado.

Momentos depois, num só movimento, aquela mole humana marchou em direção à cabana do monstro. Havia também, em certas fisionomias, a expressão dum gozo mórbido.

O médico concentrou em si todas as energias que sua aquisição espiritual permitia e pôs-se a caminho, estremecendo ante a possibilidade duma dantesca surpresa.

O aleijado acordara cedo, como de hábito, impelido por aquele desejo oculto de ver a professora. Embora aquela fugaz contemporização aliviasse-lhe um pouco o espírito perturbado, ele lutava para vencê-la integralmente.

A paixão surgira violenta, tempestuosa, e quase o aniquilara. Outro menos digno alimentaria desejos torpes, enquanto que ele nunca ousaria ensombrar a imagem do ente que amava acima da própria vida.

Seu amor havia de transcender a todas as vibrações organogênicas da matéria, para buscá-la apenas em espírito.

Era-lhe imensamente doloroso verificar que sua própria expressão física seria bastante para causar repugnância. O destino ainda o convocara a mais essa cruciante tortura de amar.

Arrastou-se da enxerga e como só acontecia todos os dias, ao acordar, gastou uns quinze minutos friccionando as juntas inertes, até que pudesse movimentar os músculos das pernas.

Juntou palha, alguns cavacos de madeira e botou a chocolateira com água, no tripé. Ateou fogo e enquanto a água esquentava, pôs-se a refletir na decisão que tomara, de fugir imediatamente daquele lugar. Não voltaria a pousar na cabana; esperava apenas despedir-se do médico e da filha, para depois iniciar viagem.

Há três dias passados fora com o Maneco lenhador e o preto Missânga acertar as contas no bar, no momento em que havia muita gente. Nunca mais se arriscaria a ir só!...

Enquanto bebiam um pouco de vinho, Gringo apareceu e sentou-se à mesa. O homem mudara muito; as carnes tinham se reduzido e a cor vermelha viva das faces estava relativamente descorada. Os olhos brilhavam febrilmente sob o efeito duma consumação interna. Diziam que o bar estava por conta de todos: uns serviam-se nas prateleiras; alguns pagavam e outros se aproveitavam. A cozinheira deixara-o e dizia cousas do italiano: "que ele vivia falando sozinho; soltava agudas risadas; fechava-se no quarto bastante horas, adorando uma caixa de veludo negro".

Alguns afirmavam que ele estava doente; outros taxavam-no de embriagado, mas já existia quem lhe catalogasse loucura nos gestos e atos. Ultimamente andava com uma rosa "drusque" na mão. Ficava inerte, muito tempo, olhando fixamente para a flor, enquanto a fisionomia resplandecia sadicamente. Bruscamente levantava-se, apanhava a caixa de veludo preto e saía para a rua. Talvez isso o aliviasse um pouco, porque depois ele voltava mais calmo.

O "Polvo" lembrava-se que nessa noite Gringo sentara-se

com a tal rosa na mão e, enquanto o Maneco e o Missânga olhavam-no assustados, ele gastara uns dez minutos adorando a flor, como se quisesse fixá-la na memória. Depois dum silencio atemorizador, ele sussurrara com uma voz igual a que faz o vento no capim-navalha:

— Virgínia!... Viu?... Virgínia!... A cor de Virgínia!...

E sacudia sinistramente a rosa que se despetalou em parte. Ele agarrou as pétalas, avaramente, com violência, e olhara os três como se eles o quisessem roubar:

— Ladrões!... Ladrões!... — tinha dito, escondendo a flor contra o peito. E depois recuara vivamente, sem deixar de fitá-los.

O aleijado recordava que pusera o médico a par de tudo. Gringo tornava-se perigoso: era preciso vigiá-lo! Sim, porque na noite anterior, o Missanga viera, espantado, avisar que o italiano quebrara cadeiras, vidros e garrafas no bar; e que saíra depois para a rua gritando simiescamente e sacudindo um talo que devia ter pertencido a uma flor, provavelmente a tal rosa que o enciumava. E, depois disso, o bar ficou fechado e ninguém mais tinha visto o italiano.

Mas o que o Missânga dissera não o impressionara tanto, como quando foi fechar a porta da cabana à noite. Chovia muito e à luz dos relâmpagos julgou reconhecer Gringo detrás de uma sebe, espreitando-o e tendo, debaixo do braço, alguma cousa que se parecia com a fatídica caixa retangular de veludo.

Felizmente a cabana era sólida e a tranca não se deixaria mover do lado de fora. Mas o susto não o deixara dormir.

Um ruído despertou o "Polvo" das suas reflexões. A água da chocolateira fervia. Mexeu na prateleira para achar o pó de café e um bocado de açúcar.

Subitamente, lembrou-se de que a porta estava aberta. Mas era tarde demais! A luz que vinha de fora foi interceptada por uma sombra e no limiar da porta surgiu um vulto agigantado.

O "Polvo" deixou cair o pacote e gritou de pavor. As faces tornaram-se lívidas e os dentes bateram convulsivamente. Todo o seu corpo flácido estremeceu, como se estivesse debaixo de violenta descarga elétrica. Não pôde mover um dedo! Apenas os olhos se esgazearam quando reconheceu Gringo e a caixa das ferramentas cirúrgicas.

Gringo estava medonho! Sujo, a calça, a camisa e o cabelo empastados de barro vermelho; os olhos alucinados, brilhando como carvões acesos. Estava completamente desequilibrado. Fitou o aleijado e na sua mente pervertida parecia vacilar uma terrível decisão. Finalmente, recuou para fora, ergueu um fardo do solo e deitou-o junto da enxerga. Teve um riso convulso, de alegria demente, e mirou extasiado o pesado volume que deitara a seus pés.

Então, o pavor do aleijado centuplicou-se; gelou-se-lhe o sangue nas veias e o sistema nervoso, antes tão flácido, retezou-se como arame farpado, parecendo estalar debaixo da pele.

O fardo, objeto da volúpia do louco, era Virgínia!!!

Angustiado, sem refletir, botou a mão espalmada no peito da jovem, perscrutando-lhe o coração, pois ela estava inerte.

Gringo teve uma expressão de fúria. Pegou-o pelo pescoço e o atirou de encontro à parede, junto à porta. O choque violento fê-lo bater os dentes, e das gengivas escorreu sangue. Mas ele apenas sentira uma cousa: Virgínia ainda vivia! Desmaiara, talvez, diante de excessiva brutalidade.

O demente parecia já tê-lo esquecido. Curvou-se, outra vez, do lado de fora, e trouxe quatro fragmentos de madeira pontiaguda; na mão esquerda uns pedaços de corda nova. E, diante do olhar espavorido do "Polvo", fincou as estacas de madeira no chão de terra da cabana, formando um retângulo e em cujo centro colocou Virgínia.

Vigorosamente, ele amarrou os pulsos da jovem, um em cada estaca superior e, igualmente, os tornozelos nas inferiores. Virgínia ficara com os braços e as pernas num mesmo ângulo, semelhante a uma cruz de Santo André.

Isso tudo fora feito em silêncio, automaticamente, como o artista que já estudara minuciosamente o papel. Aquilo era a materialização perfeita da ideia que o bruto viera alimentando gradativamente, desde há muito tempo. Vivia, agora, os sádicos recalques que exprimiam a mórbida rede psicopata de que era dotado desde jovem.

Virgínia abriu os olhos atordoada e, a princípio, ficara surpreendida. Subitamente, viu aquela figura alucinada debruçada sobre si e quis mexer os braços. Sentiu-os atados e deu conta da situação: estava em poder dum louco furioso! Não pôde dominar um grito de pavor!...

O olhar de Gringo avivou-se, ante a associação pervertida do passado. Ele não via Virgínia à sua mercê; no seu cérebro ensandecido confundiam-se duas imagens: a jovem e a rês! Lembrava-se daquela rês que custara a morrer! Onde ele inseria a faca, o vermelho realçava e se movia num tom cintilante. Mas era tão vermelho! Afogueava, oprimia e apressava-lhe o sangue nas veias, e ele precisava arrefecer a escaldante sensação. Aquele tom rosa!... Ah! Como seria doce, suave, refrescante!...

O aleijado erguera-se com dificuldade; estava junto à porta com desejo intenso de fugir dali, afastar-se antes que pudesse perder o juízo, diante do que poderia acontecer. Escorria sangue dos seus lábios, mas ele não sentira o ferimento nem reparara o líquido que perdia. Olhava, estarrecido, para os funestos detalhes que o italiano realizava com o cuidado dum perito.

Virgínia tornara a si, novamente, e pôde ver o aleijado. Conhecendo a estranha monomania de Gringo a seu respeito, e vendo-o retirar da caixa de veludo um bisturi envolvido numa rosa amarfanhada, sentiu-se atingida pelo auge do pavor. Possuía uma poderosa resistência moral diante das dores físicas e às que atingem o coração, mas ali essas forças a abandonavam e ela revelava-se frágil criança.

Dificilmente poderia suportar com serenidade tão medonha cena: a cabana solitária, no meio duma clareira de mato, envolta por uma manhã triste e obscura e abrigando dois seres horripilantes.

Olhou para o "Polvo", súplice:

— Pelo amor de Deus — clamou —, mate-me antes que este homem me enlouqueça!...

O doloroso apelo fez o aleijado sentir uma cousa invulgar. Era a primeira vez que alguém suplicava por ele, que o convocava a prestar auxílio. Havia, dentro de si, um conjunto de sentimentos que ignorava e que eferveceu na possibilidade de ser útil à vida. Então, aqueles princípios generosos tomaram-no conta e, esquecido da sua própria inutilidade física, ele apanhou o facão e atirou-se para cima do louco. Não teve forcas para cravá-lo. Apenas pode perfurar a camisa barrenta de Gringo e causar-lhe leve ferimento. Sentiu-se erguido como uma criança, o teto da cabana rodopiou-lhe sob as vistas e foi bater-se contra o caixilho da porta, para depois amontoar-se na soleira, arquejante e sangrando. Tinha a impressão de que o peito se partira em pedaços, e apenas as pernas achavam-se mais vigorosas por causa da circulação sanguínea mais apressada.

Voltou-se para Virgínia e viu-a fazer uma cruciante oração. Provavelmente encomendava-se a Deus, diante de haver se destruído a última esperança da salvação.

Circundou a vista, desesperado, na ânsia de encontrar o que pudesse auxiliá-lo na defesa da jovem. Somente uma arma de fogo poderia servir-lhe, mas ele não a possuía. Não lhe seria possível dominar um louco que, quando são, vencia com facilidade dois homens robustos.

— Deus!... — murmurou baixinho e com o fervor dum agonizante. — Inspira-me!... Aceita a minha vida em troca da de Virgínia!

Mas o milagre não se realizou! Não havia tempo a perder porque Gringo arregaçara as mangas da camisa e se dispunha a iniciar sua obra nefanda. Já desembaraçara diversas ferramentas e as colocava em grupos, junto à jovem.

O "Polvo" ainda esquadrinhou todos os recantos do aposento e, inesperadamente, seu olhar pousou num objeto. Quase gritou de júbilo, embora uma espantosa ideia germinasse-lhe no cérebro. Primeiro, diante de sua concretização, recuou acovardado. Mas essa ideia cresceu e os olhos encheram-se de estranha beleza na perspectiva de corajosa renúncia. Pegou, então, o objeto de sua impressionante cogitação: era a garrafa de querosene que o médico lhe havia dado dias antes!!!

Bateu o gargalo no topo duma costaneira e nervosamente foi-se embebendo do líquido pegajoso; besuntou a cara, os cabelos, a camisa e o peito até a cintura. Sua figura repulsiva tornou-se hedionda: a pele do rosto, cheia de buracos, brilhou como o couro envernizado dum batráquio. Não se satisfez: retirou a torcida do lampião de folha e embebeu os braços com o conteúdo oleoso.

O ser mais apático estremeceria diante do seu aspecto medonho. Virgínia fitou-o, corajosamente, percebendo a incrível decisão:

— Não!... Não faça isso!... — exclamou angustiada. — Deixe-me, eu saberei morrer; sua vida perante Deus é tão útil quanto à minha. Não, por favor!...

E ela viu que aquela cara viscosa, como se tivesse sido feita de retalhos de cadáveres deformados e untados de querosene, teve um sorriso que, em outra fisionomia seria ascético. Pressentiu nele a volúpia do ser humano que finalmente encontra o meio de renunciar em holocausto pelo ente que ama acima da própria vida.

O aleijão respondeu-lhe numa voz em que se lia inabalável decisão e uma felicidade inumana:

— Possa eu realizar tudo com êxito!... Então peço dizerdes ao santo homem que me quis bem, vosso pai, que eu nunca o traí, mesmo em pensamento!...

Virgínia desejou opor-se ainda, mas inadvertidamente soltou um grito doloroso. O doido havia-lhe inserido o bisturi no dorso do pé; iniciando a sádica tarefa. O "Polvo" sentiu uma força quase sobre-humana invadir-lhe todas as fibras do ser e apanhando a garrafa com um resto de querosene, quebrou-lhe pelo meio e atirou o fundo com as bordas vivas no rosto de Gringo. Então, recuou até junto da porta, ficando à distância de três passos do italiano, e guardou qualquer cousa em ambas as mãos e que Virgínia não pôde ver.

Gringo sentiu-se perturbado no seu objetivo mórbido; compreendeu que aquele homem ali só o embaraçava, causava ruptura no escoamento sádico de sua psicose. Era preciso exterminá-lo!... E esse pensamento dominou-o ferozmente! Ergueu-se, aos poucos, retesando os músculos e arqueando as mãos como dois nodosos ganchos vivos. O querosene escorria-lhe pela testa, penetrava nos olhos e fazia-o piscar grotescamente; tinha a boca entreaberta e engolia dois fios do líquido pegajoso. Os cacos da garrafa feriram-no levemente nas bochechas, mas o sangue corria com prodigalidade porque estava todo à flor da pele. Entretanto, somente o querosene nos olhos parecia incomodá-lo; talvez porque lhe dificultava a completa visão do aleijado, para quem concentrava toda a sua fúria.

Principiou a caminhar tão lento como a serpe que fascina o pássaro; suas mãos vermelhas esgueiram-se e os dedos moveram-se como os tentáculos dum polvo irritado. Os lábios, separados, deixavam ver os dentes raivosamente cerrados.

O "Polvo" também pôs-se em movimento, arrastando-se de costas em direção à porta. À distância entre os dois foi se encurtando e ele estava exausto pela comoção. As pernas tremeram-lhe, as juntas oscilaram e das feridas escorreram mais sangue que se misturou ao querosene que se infiltrava pela pele.

Seus calcanhares bateram na soleira da porta; levantou um pé e depois o outro, mas não despregava os olhos das faces de Gringo, que avançava também com felina vagarosidade.

Atravessou o limiar da porta e contemplou Virgínia, num décimo de segundo, e fê-la entender que era o seu derradeiro olhar. Relanceou ainda, tão rápido como o relâmpago, os olhos pela paisagem que a envolvia: era também o extremo adeus à vida!...

Viu que o louco pressentira que suas forças estavam cedendo e também que já cruzava o umbral da porta. Então, aqueles olhos ensandecidos cresceram para si, plantados na cara, fulva, demoníaca e lustrosa de querosene. As vigorosas manoplas vieram retesadas ao encontro do seu pescoço. Sentiu ainda os dedos do bruto roçar-lhe pela pele...

Então, célere, sua mão direita riscou na caixa que a esquerda segurava, o fósforo que precipitou a tragédia. E o fogo lavrou pelo seu corpo untado de querosene e subiu pela cara do louco que já o segurava.

Gringo não chegou a compreender bem o que lhe acontecia. Sentiu apenas um vulto coberto de chamas, abraçar-lhe violentamente, debaixo dos seus próprios braços, trançar-lhe as pernas e cravar-lhe os dentes no pescoço, aferroando-se com veemente desespero e passar-lhe um medonho fogo; chamas que o lambiam da cintura aos cabelos.

Soltou um rugido de dor!... Esbravejou, distendeu-se como touro manietado e arremeteu, furioso, para frente e depois para trás. Dobrou-se, arqueou-se, exasperado, ululando como lobo acuado. Mas era inútil a sua insânia. A massa incendiária colara-se a ele como uma decisão implacável, e agora sua carne ardia e se ligava à carne ardente do agressor!... A tocha viva cozia-se no seu corpo, fundia-se com ele, dilacerava-lhe os músculos da cara, do pescoço e do peito... Recuou, menos vigoroso, sacudiu-se entre estertores, arrastando ao chão pelo peso do assaltante incendiário. Breve, os uivos roucos foram-se transformando em soluços pungentes e estes em gemidos aflitivos que foram diminuindo gradativamente até que não mais se os ouvia. Ele estava nos últimos momentos e os prantos derradeiros eram mais humanos: pareciam realmente os gemidos de Gringo. Talvez o fogo tivesse acalmado aquela fúria sádica e despertado o espírito embrutecido.

O aleijado sucumbira antes, sem emitir um gemido, mas suas mãos descarnadas tinham-se cravado como garras na carne queimada do louco, que se extinguira sem poder livrar-se do fatídico amplexo.

O fogo fora insuficiente para carbonizar os corpos, mas da cintura para cima ambos estavam irreconhecíveis. E quando a turba chegou para linchar o aleijado, soube por boca de Virgínia a terrível verdade:

— O "Polvo" ateara fogo a si mesmo, em holocausto à jovem.

Então, o médico sentiu os olhos encherem-se de lágrimas e, curvando-se para a massa disforme, murmurou reverentemente:

— Muito espírito formoso vive em morada monstruosa!...[1]

---

[1] O conto "O Polvo" também foi inserido no livro de contos reencarnacionistas *Semeando e Colhendo*, 5ª edição, 2008, **EDITORA DO CONHECIMENTO**, de autoria do espírito Atanagildo, psicografado por Hercílo Maes.

Fisiologia da Alma
RAMATÍS / HERCÍLIO MAES
ISBN 85-7618-105-3 • Formato 14 x 21 cm • 352 pp.

Nesta obra, Ramatis desvenda o mecanismo oculto que desencadeia, a partir dos corpos sutis do ser humano, as enfermidades do corpo físico. A origem e causa das moléstias, detida pelo conhecimento iniciático milenar, é transposta em linguagem clara e acessível, que abre extraordinários horizontes de compreensão do binômio saúde-enfermidade.

A etiologia, as raízes cármicas, o tratamento e a cura do câncer são analisados desde sua verdadeira origem no mundo oculto das causas e em suas relações com a extinta Atlântida.

Analisando a homeopatia, Ramatís elucida o verdadeiro processo de atuação das doses infinitesimais, a amplitude de sua atuação nos corpos sutis e na raiz dos processos patológicos, suas infinitas possibilidades terapêuticas ainda não inteiramente exploradas, e as condições requeridas para o êxito integral do tratamento homeopático.

O capítulo "A Alimentação Carnívora e o Vegetarianismo" já se tornou um clássico sobre o tema, tendo desencadeado uma nova visão e postura comportamental em milhares de leitores, que assim se preparam para credenciar-se à cidadania terráquea do Terceiro Milênio.

A atuação do álcool e do fumo, como agentes patogênicos nos corpos energéticos e físicos, é analisada por Ramatís sob a ótica do mundo oculto, incluindo as conseqüências que se seguem à morte física, e o processo simbiótico dos "canecos vivos".

O Sublime Peregrino
RAMATÍS / HERCÍLIO MAES
ISBN 85-7618-108-8 • Formato 14 x 21 cm • 384 pp.

Esta obra resulta da experiência direta de Ramatís — conhecido filósofo de Alexandria ao tempo de Jesus —, que foi à Palestina encontrar pessoalmente o mestre nazareno, e posteriormente colheu, nos registros akhásicos, os verdadeiros registros vivos de sua existência no planeta.

Por isso, *O Sublime Peregrino* traz com realismo cinematográfico temas nunca dantes abordados: o nascimento, a infância e o lar do menino Jesus, suas brincadeiras e preferências, sua família e gestação, sua vida quotidiana entre o povo hebreu, o cenário da Galiléia e a influência de seu povo em sua missão. Mas também focaliza como nenhuma outra obra a identidade sideral de Jesus, sua relação com o Cristo Planetário, os aspectos iniciáticos de sua missão, suas relações com os essênios. Revela detalhes inéditos sobre a figura de Maria de Nazaré e sua missão, sua gestação protegida pelas hostes angélicas e o verdadeiro cenário do nascimento do menino-luz. Traça com riqueza psicológica o verdadeiro e insuspeitado perfil de Maria de Magdala e seu encontro com o Mestre.

Além da abordagem de temas iniciáticos, como a descida angélica e a queda angélica, o grande plano e o calendário sideral, recolhe-se nesta obra a mais autêntica descrição do drama do calvário e dos últimos dias de Jesus.

O Evangelho à Luz do Cosmo
RAMATÍS / HERCÍLIO MAES
ISBN 85-7618-066-9 • Formato 14 x 21 cm • 352 pp.

Se na beleza irretocável dos ensinos e parábolas de Jesus nada pode ser acrescido ou alterado, contudo, hoje pode ser feita a leitura mais esotérica deles, e percebido o seu sentido interno e oculto, que durante séculos permaneceu velado à consciência comum da humanidade. É o objetivo da presente obra de Ramatís, que desvenda a dimensão secreta e cósmica das histórias singelas do mestre nazareno.

A evolução mental do terrícola, atualmente, já permite desvelar essa realidade mais profunda do Evangelho, que é a de se constituir uma síntese das leis cósmicas, ou a miniatura do "metabolismo" do próprio Criador.

Nesta obra de cunho iniciático, mas na linguagem cristalina e acessível característica de Ramatís, o leitor encontrará, além da interpretação mais profunda e esotérica dos preceitos evangélicos, um estudo fascinante dos temas "Deus" e "Evolução", tratados com a profundidade e clareza típicos do velho mestre da Grécia antiga.

Uma das obras mais atraentes de Ramatís, que irá conquistá-lo para o rol de seus milhares de leitores.

Magia de Redenção
RAMATÍS / HERCÍLIO MAES
ISBN 85-7618-102-9 • Formato 14 x 21 cm • 256 pp.

Malgrado os protestos e censuras dos conservadores e descrentes, insistimos em advertir os terrícolas de que o feitiço existe, e só os espíritos completamente liberados de resgates cármicos são invulneráveis aos seus efeitos.

Ramatís

O Grande Arquiteto, de tempo em tempo, envia à Terra mensageiros ousados e fora de rotina, que expõem mensagens construtivas, mas prematuras, as quais, mais tarde, são consagradas pela opinião da maioria. Assim foram Crisna, Moisés, Buda, Confúcio, Fo-Hi, Jesus, Kardec e Ghandi, que arriscaram sua estabilidade no cenário terrícola, ousando perturbar os viandantes que trafegam tranqüilos pelas "estradas asfaltadas" dos credos e religiões certinhas em direção ao paraíso. Ramatís poderia filiar-se à linha convencional das entidades que transmitem para a Terra assuntos já consagrados. Porém, deu preferência a abordar problemas controvertidos, desmontando as prateleiras arrumadinhas das mentes condicionadas a clichês tradicionais.

Obra sem paralelo na literatura espiritualista ocidental, Magia de Redenção analisa objetivamente em que consiste a magia, o significado do ritual, os processos técnicos de enfeitiçamento verbal, mental, através de objetos e animais, da aura humana, a produção de enfermidades etc., e antecipa as conclusões da medicina ortomolecular sobre o envelhecimento humano e as enfermidades, ao tratar do enfeitiçamento através dos metais organogênicos.

A Missão do Espiritismo
RAMATÍS / HERCÍLIO MAES
ISBN 85-7618-097-9 • Formato 14 x 21 cm • 256 pp.

Universalista, como a tônica original da doutrina espírita, esta obra de Ramatís examina sucessivamente os grandes movimentos religiosos — o catolicismo, o protestantismo, o budismo, a teosofia e a umbanda, e as relações do espiritismo com cada um deles, e ainda com o Evangelho, a *Bíblia* e a psicanálise, e a sua posição ante a homeopatia.

Ramatís delineia a missão transcedental da doutrina espírita, que, ao invés de "mais uma doutrina", sectária e exclusivista, foi prevista pelo Alto como elo de união fraterna entre crenças e religiões. Como síntese acessível ao homem contemporâneo das grandes verdades ocultas iniciáticas, possibilita ao espírito ocidental, neste século da transição planetária, efetuar a "iniciação à luz do dia".

Esta obra vem recordar a alta missão de solidariedade universal do espiritismo, como um movimento libertador de consciências, destacando sempre o ideal de fraternidade que o anima e sua alta função de atender a todas as indagações do conhecimento humano. Ao mesmo tempo, como um estudo de religiões comparadas, traz valiosas informações sobre os conteúdos dessas diversas correntes, salientando-se as preciosas informações sobre a umbanda e sua elevada missão, esquematizada pelo Alto para o Terceiro Milênio.

A Vida Humana e o Espírito Imortal
RAMATÍS / HERCÍLIO MAES
ISBN 85-7618-083-9 • Formato 14 x 21 cm • 320 pp.

O espírito imortal não nasce, não cresce, não morre e não renasce. Matricula-se temporariamente na escola da Terra, onde o currículo proposto para estimular sua evolução consciencial é composto de seqüências de problemas.

Problemas da vida humana e suas equações esclarecedoras, eis o foco desta obra de Ramatís. No âmbito familiar, o processo de reencarnação, a infância, a educação dos filhos sob a perspectiva espiritual, a adoção, o binômio afeto-disciplina — os problemas da alma imortal no curso denominado "família humana". E nos demais cursos básicos e especializações da escola terrestre: problemas da saúde, da alimentação, do trabalho, da religião, dos governos. E até mesmo os problemas para fugir dos problemas: o alcoolismo, o tabagismo etc.

Em seu estilo de peculiar clareza e profundidade, que nada deixa por examinar e nada teme analisar, mestre Ramatís esboça a geometria transcendental que soluciona, pelos instrumentos da ótica espiritual, a arquitetura do edifício secular da vida humana.

SIMPLESMENTE HERCÍLIO
foi confeccionado em impressão digital, em novembro de 2010.
Conhecimento Editorial Ltda
(19) 3451-5440 — conhecimento@edconhecimento.com.br
Impresso em amabulk 90g.